转型时代丛书
中国电信北京研究院专家奉献

动物型组织

“互联网+”时代下的企业重构

李志刚 朱志军 高歆雅 编著

電子工業出版社.
Publishing House of Electronics Industry
北京•BEIJING

内 容 简 介

随着“互联网＋”写入 2015 年政府工作报告，互联网与传统产业的融合大幕已然揭开，未来将有更多企业会加速利用互联网的思维去升级、改造传统产业。像互联网的组织一样去思考、去运营将成为一个新的热点和方向。

本书从回顾企业组织发展历史出发，研究发现企业组织的发展与整个大时代的生产力一直紧密相关。在互联网逐渐成为各行各业基础设施的今天，为了适应新的生产力和时代新特征，将会有一种新的组织形态去适应，那就是“动物型组织”。动物型组织的个性与灵魂，“电”神经系统、捕食性和系统性运转让组织能更快、更好地适应外部环境的变化，做大做强。本书不仅创新性提出“动物型”组织的概念，还给出了企业在实际互联网化过程中可采用的模型方法，提出了企业转型的关键性步骤和方法。

书中主要内容是通过行业观察、访谈、交流和调研等方式获得，既有理论分析又有一些鲜活的案例，非常适合互联网从业人员、传统企业的管理层及组织管理方面的研究人员阅读。

图书在版编目（CIP）数据

动物型组织：“互联网+”时代下的企业重构 / 李志刚，朱志军，高歆雅编著. —北京：电子工业出版社，2015.6

（转型时代丛书）

ISBN 978-7-121-25977-7

Ⅰ. ①动… Ⅱ. ①李… ②朱… ③高… Ⅲ. ①企业管理－研究 Ⅳ. ①F270

中国版本图书馆 CIP 数据核字(2015)第 089393 号

策划编辑：刘　皎
责任编辑：安　娜
印　　刷：北京天来印务有限公司
装　　订：北京天来印务有限公司
出版发行：电子工业出版社
　　　　　北京市海淀区万寿路 173 信箱　邮编：100036
开　　本：720×1000　1/16　印张：13.25　字数：196 千字
版　　次：2015 年 6 月第 1 版
印　　次：2015 年 6 月第 1 次印刷
定　　价：59.00 元

凡所购买电子工业出版社图书有缺损问题，请向购买书店调换。若书店售缺，请与本社发行部联系，联系及邮购电话：（010）88254888。

质量投诉请发邮件至 zlts@phei.com.cn，盗版侵权举报请发邮件至 dbqq@phei.com.cn。

服务热线：（010）88258888。

转型时代丛书

转型时代丛书

总 序

“变化，无论是突如其来的，还是循序渐进的，有时都会淘汰你认为理所当然的一切”。

——《转型》

二十一世纪以来，信息化更加快速而深刻地改变着这个世界，大到全球经济社会的发展格局，小到每个人的日常工作生活。许多国家把数字化、信息化、智能化作为国家战略的关键主题，把信息基础设施建设作为后金融危机时代振兴经济的重要手段。同样，我国“十二五”规划也把全面提高信息化水平，特别是加快建设下一代国家信息基础设施、推动信息化和工业化深度融合、推进经济社会各领域信息化作为重要工作列入其中。

信息通信产业中新技术、新业务的不断快速发展不仅催生着新的经济增长点，造就了谷歌、Twitter、腾讯等一个又一个明星企业，引领整个行业及社会经济的发展方向，更重要的是它对人们生产、生活产生了深刻而久远的影响。我们的生产资料不仅仅是机器，还有电脑、手机、互联网；我们通过点击“百度”打开未知世界，通过“淘宝”购买商品，利用手机登录“Facebook”去了解彼此、评论时政，所有这一切都表明信息通信产业正在更广、更深地影响着我们每一个人，互联网 / 移动互联网已成为像水、电一样的生产、生活“必需品”。

环顾全球，整个信息通信产业正在朝着宽带化、移动化、智能化发展，特别是 3G 的普及和 LTE 的逐步成熟使得移动互联网一跃成为整个行业中最前沿、最具革命性的领域。智能管道、物联网、下一代互联网、云计算等一个个新的理念、新的信息服务模式正在席卷全球成为新热点。而这一切变化，都将对从事信息服务的企业，包括电信运营商，带来前所未有的机遇和挑战。适者生存法则同样适用于多变的企业生态系统。无论是百年老店，还是创业新秀，只有顺应信息化时代发展潮流，重新审视并及时调整企业的商业模式，抓住信息化带来的重大机遇，才能在变化中顺势前进。

鉴于此，这套“转型时代丛书”既有对智能宽带网络、移动互联网、云计算等新技术、新网络的研究和实践总结，也有对商业模式、营销变革等现代管理中关键问题的长期探索。相信此系列书籍能帮助您了解趋势，廓清谜团，抓住机会，与信息化时代共同成长。

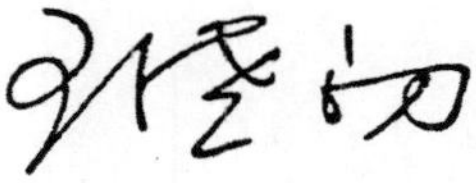

2012 年 1 月

作者序

作为信息通信产业中的一员，我们对于互联网的快速发展和运营商日益增加的焦虑更加感同身受。语音、短信等业务在互联网丰富多样的业务面前正在加速流失，电信运营商正逐步被管道化。为应对挑战，全球运营商都在积极调整战略，加强业务创新，不断地调整机制和组织。中国电信近期提出“向互联网企业学习”、“互联网化运营”等也彰显了一个传统国企积极求变的决心和魄力。

不仅是电信运营商，在如今的社会经济发展中，每个行业、每个企业，以及每一个人都或多或少的受到互联网带来的影响。互联网改变了传统产业，促进实业（如工业、物流……）与互联网融合，在升级和改造的同时也产生了新的业态，这时，什么样的组织既能适应互联网时代的新要求，又能更好地契合传统产业的运营规律？完全互联网应用公司式的“一个总部、无边界运营”是所有企业的良药吗？什么样的组织形态更适合互联网时代的运营？

其实作为企业管理、战略设计中的一个重要内容，和组织相关的著作可以说多如牛毛，书店里充满了各类组织管理、组织设计等畅销书。然而它们更多的是关注微观层面，配合企业战略进行部门、流程和职责的设计，更好地实现战略落地。真正从宏观层面去发现、去挖掘“组织变革背后那只看不见的手”，去探询组织演变规律的论著相对较少。回顾历史，结合自身思考，我们坚信不同的时代、企业不同的发展阶段都会对组织形态有着不同的需求，而这种需求在中观层面会形成一些共性的特征和普遍的模式。两千年的企业组织发展历史，从最初的中心制到事业部制再到矩阵制，企业组织的发展与整个大时代一直紧密相关，不同时代的人类生产力与其需求之间不断平衡的过程最终影响着一个时代的特征，而这个过程也推动了企业组织的革新，并形成了那个时代具有普遍意义的组织模式。

今天，我们正站在时代转折的路口，静静地观察着一次新的工业革命的诞生。互联网正在成为这个时代最大的变量，它早已从单纯的技术范畴走向社会和文化范畴，它正以更大的范围、更强的姿态在改变着整个社会的生产和我们的生活。"物竞天择，适者生存"既是大自然的生存法则，也将会是未来组织演变和进化的法则。那么在新时代，什么样的组织模式才是那个具有普遍意义的组织模式呢？我们借用生物进化的过程中对植物和动物的定义，将一个企业的组织类比为植物型和动物型。在互联网时代以前，传统的企业形态如同植物一般——自己组织生产、少量合作、变化小、地域依赖强。在新的时代，具有普遍意义的新型企业组织要能像动物一样——具有快速适应能力、较强的迁徙性和扩张性，能主动思考和变化，我们在书中称之为"动物型组织"。它既是传统组织的进化，更是适应互联网新时代的组织创新和重构。

我们关注组织变化，试图从社会发展规律性的角度给出自己的分析和判断，帮助企业更好地适应互联网带来的改变和挑战。可能有些认识还很肤浅，有些判断有失偏颇，但互联网的影响已经扑面而来，对她的认识从来不是一蹴而就的。期望我们开启了对组织变革研究的一个新视角，能给正处于"互联网焦虑症"中的传统企业一些借鉴和启发，帮助他们正确评估自身，最终决策企业的互联网化转型路径。

致 谢

组织永远是战略执行落地过程中一个绕不过去的重要话题，一切的改革和创新如果缺乏组织的有效支撑和保障将都举步维艰。特别是在互联网的高速发展下，一切都在快速地被淘汰、被更新，一个组织的适应性和灵活性决定了一个企业的成功与失败。我们作为信息通信行业的一员，更深刻地感受着互联网带来的业务冲击、管理冲击和思维冲击。正是这种紧迫感和使命感让我们静下心来观察互联网正在带来的革命，思考组织如何去适应变化。

从选定题目和方向，到全书内容的编写，既是一场与自己心智的较量，也是一场与时间的赛跑。书稿从一张白纸到图文并茂，经历过太多次的讨论和修改。完成全书的定稿在长出一口气的同时也有着深深的感动。首先要谢谢我们自己，正是我们的坚持和努力，才对互联网时代组织变革有了自己的洞察和认识。

其次，要谢谢家人，感谢他们的默默付出和支持。

最后，感谢王晓平资深经理、部门高兰主任、编辑刘皎、科技部王昭等对本书的一些建议和时间、资源上的支持。

另外，特别把这本书献给高歆雅肚子里的孩子，是你一起陪伴着这本书的成长，祝你健康快乐！

目录

第 1 章　没有成功的企业，只有时代的企业..1

第 2 章　温故而知新：企业组织成长与演变..11

2.1　企业组织结构的萌芽——中心型企业组织..12

2.2　企业组织体系的进化——直线式组织的诞生..16

2.3　直线职能制组织结构的革新——事业部制与矩阵制的诞生..25

2.4　总结：企业组织变革背后，那只看不见的手..33

第 3 章　锐不可当的时代..41

3.1　“百米跨栏”的互联网时代..42

3.2　个性的世界，“我”的时代..49

3.3　镶嵌效应——新时代的平等与开放的关系体系..54

3.4　生产力与需求的逆转正在来临..61

3.5　总结..73

第 4 章　互联网浪潮下新生物组织的诞生..77

4.1　植物型企业组织的失败..78

4.2　打造动物型的组织 1——打造自己的个性..86

4.3　打造动物型的组织 2——建立企业的神经系统..98

4.4 打造动物型的组织 3——提升系统化运作能力 108
4.5 打造动物型的组织 4——实现开放和捕食性 117
4.6 总结 125

第 5 章 组织的升级与进化：评估与行动 129

5.1 改变是否势在必行 130
5.2 关键评估：I.C.A.T.评估模型 132
5.3 企业的实施路线 146
5.4 整合层面元素的设立 152
5.5 框架层面元素的设立 156
5.6 运营层面元素的设立 165
5.7 总结 169

第 6 章 互联网大潮下组织的未来 173

6.1 机会与挑战并存的新时代 174
6.2 过去的经验 175
6.3 现在的趋势 178
6.4 未解的疑惑 188
6.5 结尾 195

参考文献 197

导读

这是一个充满变革的时代，这是一个英雄迭出的时代。

在这个时代，群雄并起、逐鹿天下，波澜壮阔。然而，在 Google、Facebook、亚马逊等“后起之秀”的冲击之下，诺基亚、索尼等“前辈”们看上去却正以飞快的速度老去。互联网给我们这个社会带来了如此多的机会，让我们看到了无穷的、超乎想象的创新，也让我们见识到沧海变桑田的可能。然而，与此同时，思维抱残守缺，产品落后老套，组织僵化迟缓，导致未能跟上时代迅速陨落的企业也比比皆是。

无数历史经验告诉我们：没有成功的企业，只有时代的企业。互联网正在成为所有行业的技术基础，现在是企业变革的最佳时机，也是让组织真正适应这个时代的最佳时机。

第 1 章

没有成功的企业，只有时代的企业

“你的企业迟早会走到一个战略转折点，企业的根基瞬间发生剧变，技术、规则、竞争环境、行业形态……一切的一切都变了。”

—— 安迪·格鲁夫《只有偏执狂才能生存》

如果说企业战略决定了企业未来的发展方向和基本经营管理策略，那么组织架构则是保障企业战略落地、高效执行的重要手段。据多家权威咨询机构与《财富》杂志统计，现代企业管理史上战略被搁置或战略失败的案例，占比高达 70%以上。《CEO 失败的原因》则犀利地指出，大约 70%的 CEO 失败的原因大多不是战略制定本身存在问题，尽管他们有优秀的、甚至是卓越的战略领导才能和较优秀的管理分析师，但还是败在了"公司战略执行不到位"上。为什么会出现"公司战略执行不到位"呢？经过周密调研与分析后发现，除极少数企业是因为高层领导朝令夕改以外，主要的失败原因基本都是出在组织承受能力及组织基本执行力上。

企业的组织承受能力，形象地将企业组织比喻为一个具有适应能力的虚拟人，其承受能力取决于机体内部整体组合的结构能力。一个企业组织的承受能力，除了企业固有资产和负债能力外，实际上还涉及企业组织结构设计、变革和调整、流程优化或再造等，它需要企业组织拥有对外部环境和企业战略的超强适应力和纠错能力，能够顺应时代要求，契合战略发展需求，做到因需而变。

科学技术经历了从蒸汽时代到电气时代再到信息时代，每一次技术的飞跃都大大加速了现代生产力的发展，成为推动人类进步的巨大动力之一。与此同时，技术的革命极大地刺激了市场需求，释放了企业的生产力。面对每次技术的更迭和飞跃，对企业而言既是一个巨大的机遇，同时也是不小的挑战。在历史长河中，因未能跟上时代变化并及时调整组织适应变化而迅速陨落的企业比比皆是。

倒在技术拐弯处，百年柯达的"陨落"

2013 年 1 月 19 日，柯达宣布柯达集团及其美国子公司已经提交了破产保护申请，至此，柯达，曾经胶卷行业的代名词，市场绝对的龙头霸主，在多年的疲弱前行中轰然倒塌。

成立于 1880 年的柯达公司，凭借其在胶卷市场的精益求精，使得"柯达胶卷"的品牌概念深入人心。柯达辉煌的时候，曾一度占据 60%的世界影像市场，并一直延续至 20 世纪末。"柯达时刻"、"这就是柯达一刻，别让它溜走”、“柯达串起每一刻”，在一幕幕动人的画面中，柯达的品牌形象深深地刻进了消费者的脑海，在那个时代，柯达就是记录幸福时光、分享欢乐的代名词。

然而，在技术的拐弯处，柯达被慢下的步伐所拖垮。

随着数码时代的来临，柯达所面临的压力也越来越大。毕竟胶卷市场是一个已经成熟的、柯达占据主导地位的市场，柯达当然不愿意丢掉这块肥肉。所以在面向数码时代转型的过程中，柯达仍幻想能主导这次转型，建立一个基于卤化银（胶卷的主要成分）的数码时代，利用数码技术和传统摄像的融合，使其仍能扮演其中的关键角色。

理想很丰满，现实很骨感。时代的选择从不以某一个公司的好恶或迟疑而晚些到来，数码时代全面占领舞台，胶卷冲印技术的落幕让百年老店柯达走在求生边缘，黯然从大众消费品市场退居幕后，成为一家数码印刷业务的产品供应商，持续百年的华丽篇章被终结。

回顾柯达案例，不同人有着不同的解读。有的人从战略层面认为柯达未能根据外部环境变化，及时调整产品策略，采用新技术提供数码影像产品；还有人从创新角度认为百年老店的柯达更需要创新和注重消费体验，在创新的市场上，企业不进则退，慢则也退，不能固守风光时的经营理念。

然而，组织创新这个对于战略落地、适应变化最重要的因素却很少被提及。美国作家理查德·耶茨曾在他的小说《革命之路》里，描写了这样一个场景：弗兰克带着女同事莫莉外出午餐，下午上班时间到了，两人还在喝酒。弗兰克心生一计，给莫莉的上司打电话说：“我想向您借用莫莉，因为我需要她帮忙在视觉工具部整理一些东西。我们可能要在这里耗上一整天。”虽然公司根本没有“视觉工具部”，但弗兰克很有把握，在这家庞大的公司里，几乎没有人清楚到底什么部门是根本不存在的。事实确实如此，他俩得逞了。这就是恐龙般巨型传统组织的典型症候。

发展到 20 世纪 80 年代，柯达已经是一个全球跨国企业，一个庞然大物。显然在这种传统的大型企业中，为了保证合规，森严林立的部门、冗长繁杂的流程便是可以想见的。然而，论及组织未来的变形，有两个至关重要的节点需要我们去探寻：对外而言，在客户需求趋于剧烈变动、更加碎片化、更要求即时即刻、富有弹性的前提下，组织应该怎样活络筋骨、放柔身段去适应他们？对内而言，员工个人价值开始觉醒，各种外部平台接口的开放，使得有经验有能力的个体能够"U盘化生存"，脱离单一组织同样可以创造价值。此时，组织又该如何重新审视自己与员工的关系？怎样保留员工，真正激发他们的活力与创造性？

显然，数码技术由柯达率先发明，但却未能在内部率先推广使用，究其原因，一方面是出于战略考虑，避免左右互搏，降低传统胶片业务的盈利能力；另一方面就在于组织过于僵化，未能敏锐地发现客户需求的变化和趋势，没有采用更加灵活的组织方式，激发员工在新业务（数码业务）上的尝试和拓展。

回首柯达100多年的种种辉煌，我们发现：科技既在创造人类发展史上的全新未来，同时又有另外一种力量和手段在摧毁它，并重新构建更加绚丽的精彩未来，这正是技术创新的魅力，可惜柯达只能在反思中感受。

《连线》杂志主编凯文·凯利最近新发表了一篇文章，描述了"遥远"的1985年的互联网。

"那时的互联网领域还是一片荒芜，只要你想，你就能获得任何你能想到的域名。那些"a.com"、"g.com"就好像沙滩上的贝壳一样静静地躺在那里，等着我们去采撷；在不那么遥远的1994年，《连线》杂志的另一名作者注意到"mcdonalds.com"这个域名还没有被注册，于是他注册了麦当劳的网站域名，然后试图把域名送给麦当劳，但是当时麦当劳根本没注意到互联网将会给这个世界带来的改变，也没把这个域名当一回事。这在后来就演变成了《连线》杂志的一则故事。"

从凯文·凯利的文章中，我们看到了30年前的互联网。那时的互联网参与者们，面对的是极为广阔的处女地——消费者对于互联网并不了解，对

这样的新事物也没有很高的期待。只要愿意，参与者们就可以轻易寻找到一片空白的领域来进行开拓。在那个时候，每个参与者都雄心万丈、跃跃欲试。而之后，也证实了那个时代是极富创新的时代，他们的每个想法都能给这片市场带来新的涟漪，每个新点子都会在这块空白的纸上画出新的篇章。这些创新者们，不断地从服务、产品、商业模式……各种各样的地方进行着创新。 所以我们才有了现在的社会——我们获取信息的方式从报纸转向了电脑屏幕和手机；人们可以在世界各地实时对话，不仅能听到对方的声音，还有图像，甚至于虚拟现实；只要有需要，足不出户也可以购买来自世界各地的东西，今天下单明天到货也不再是新鲜事……回顾从 1985 年开始的一切改变，简直可以用奇迹来形容。

随着互联网的普及，现在的世界，我们已经看到了各种各样的应用、平台和设备，还有新内容不断地出现。现在的互联网是渠道、是市场、是用户，互联网正在改变传统商业的一切。然而，与 30 年前互联网技术狂热者的热情参与不同，现在身处互联网漩涡边缘的传统商业参与者——传统的企业们，在经历过一次又一次尝试进入与无奈退出之后，更多的是感受到了互联网带来的不安与迷茫。这种迷茫的成因，一方面是源自于互联网公司对传统企业市场的挑战；另一方面，是来自于互联网自身对市场带来的不确定性的影响。

互联网带来的 Walkman 之死

与其说 Walkman 死于 MP3，死于苹果之手，不如说它死在了快速消费时代的门槛上。

30 年是个坎儿，对于人如此，对于一个品牌来说也是如此。即使这个品牌是响当当的，开创了一个时代的索尼“Walkman”。

2010 年 10 月，索尼公司宣布将在日本停止销售 Walkman 磁带随身听，只在中国和美国等其他海外市场继续保留生产和销售业务。“Walkman”这个词本身被赋予了太多太明显的时代烙印，这几个字母里承载的并不仅仅是一盒卡式录音带和几十分钟的移动音乐，也不仅仅是告诉人们原来音乐可以带在身上边走边听。它的意义在于，它让我们知道，原来在“移动”的时候，我们可以做的并不仅仅是挪动双脚走路或是对着车窗发呆，而是可以有另外一种同步进行的、小小的娱乐活动——“我在听 Walkman”是品味、是时尚、是财力的表现，是一种完全不同的生活方式，是很多人有关青春的不灭的回忆。

1979 年到 1999 年前后的 20 年是磁带随身听的黄金时期，音频记录介质从磁带到 CD 的缓慢过渡给了索尼和一干兄弟厂商长久的生存时间。那时的电子产品行业还没有完全被“快速消费”所浸染，厂商有足够的时间对产品外观、功能和播放品质进行精雕细琢，经典产品层出不穷。像索尼这种既是播放器生产商，又是五大唱片公司之一的企业更是大赢家。

Walkman 最大的悲剧在于，它为电子产品快速消费时代的开展铺好了路，却在前进时不慎跌倒，被后来者直接从身上踏过。苹果高超的设计理念和与互联网的高度结合是一方面，另一方面是索尼们积淀久了，太多无法抛下的传统理念让他们不得不瞻前顾后、思维保守、负重前行。

消费趋势是消费者在未来一段时期内的消费动向，既是消费行为普遍性的一个集中呈现，也是一个不断变化的阶段性结果。如何通过组织的设计，让产品与人们的生活方式建立联系，特别是如何让产品在几年以后成为人们生活方式的组成部分，这才是企业把握消费趋势的一条必经之路，也是畅销产品研发概念的真正源泉。实际上进入互联网和 MP3 时代以后，那些品牌文化久远、技术功底深厚的老牌消费类电子厂商，比如索尼、松下等都开始找不着北。如果组织缺乏开放兼容的特性，又未能贴近市场，关注客户需求，那么在技术的不断变革中被时代所抛弃也就成为必然。

索尼宣布停售 Walkman 之时恰值 iPod 问世 9 周年。这条悲喜两重天的消息听上去无奈也好，感慨也罢，总之属于“Walkman”的那个时代已经彻底一去不复返了。现在索尼的 MP3 和索爱的“音乐手机”仍在沿用“Walkman”的名称，可走遍大街小巷，却几乎再也听不见有人骄傲地说：“我在听 Walkman”了。

这种互联网的不确定性给企业管理带来的影响是极为深刻的——传统的西方企业管理理论，尤其是以泰勒为代表的科学管理理论，通常采用的是对

于环境变量的标准化，通过将其他变量固定，仅对少量的环境变量进行变化，据此来预测不同的环境变化对企业可能带来的影响。 而我们面对的市场，是经过互联网加速的市场，这样的市场受到外部因素的影响更快，范围更广，频率更高。而这个过程就如同进行方程求解——不再能够根据稳定的参数一步一步推导求解，现在的企业管理，是根据不断变化的参数，不断调整答案的过程。可以说，现在的企业管理已经无法按照传统的企业管理模式，给出固定的答案。

海尔总裁张瑞敏在香港科技大学作讲座的时候曾经说过，“没有成功的企业，只有时代的企业”。互联网为企业带来的难题是市场的快速变化，消费者需求的改变，更多的是企业如何根据变量灵活的变化，动态地调整自己的组织架构，快速地跟进互联网条件下的市场，快速地满足消费者不断变化的需求。

互联网的“排队理论”

互联网条件下的市场和企业发展如同在机场排队安检的过程。

当我们进入安检时，看到只开一个窗口，队排的很长，大家默默的按照秩序排队，整个队伍按照一个规律，逐步前进。

突然旁边新开一个窗口，这时排在原来队伍最后边的那些人就会快速地向新窗口移动。他们跑得最快，因为他们在这边没有任何可留恋的东西，撒腿就往那边跑。排在前面的人会跑吗？不会跑，因为马上就轮到我了，我已经有资格了。

这时最难受的是那些排在原来队伍中间的人。跑？还是不跑？一旦犹豫，在两边都是最后。过去你还有点安全感，因为你怎么也算是在中间，其实只要新开一个窗口，你就是最后，而且在两边都是最后。

整个商业逻辑和竞争逻辑不再是一个田径项目了，而变得更像一个棋类项目。过去企业的比赛是一个线性的田径比赛，你没经过初赛就无法进入决赛，你没跑完第二棒就不能跑第三棒。但是现在更多的是像围棋，变成了一个跨越的、非线性的逻辑，这就比较可怕了，你精心的布局，但是对手的每一手棋都有可能是根本不理你，他下他的，绕过你的布局。你不知道谁会超到你前头去，永远不知道。过去我们所赖以比较的标准变了，超越你的那个人肯定不是紧紧跟在你后面的那个人，到底是谁？不知道。

互联网的非线性时代给当代企业的管理和发展提出了不少的挑战。很多人认为，在如今互联网的大背景下，传统企业已经无法重拾辉煌，已经注定被互联网企业所代替。然而事实上，对于认真思考互联网将会带来的影响并为此而改变的企业来说，现在才仅仅是开始。互联网对市场的影响只是拉开了序幕的一角，只要能够清楚地认识到互联网对市场的改变，认识到所处环境的改变，认识到互联网将会给企业带来的种种好处，通过不断地创新、调整，企业的管理就会因为互联网而迸发出新的生命力，终会有一些企业给出这个时代最终的解答，并创造出新的方式，带领企业成为时代的企业，站在"舞台中央"，成为下一个"黄金一代"。

30 年后，当我们再次回顾 2014 年我们所做的每一个决定时，都会感叹说，那时候的这个决定原来将会带来如此这般重大的影响。是的，本世纪互联网对于企业的大规模的改造正在启航，不仅仅有面向市场、对接客户需求的产品策略，更有面向企业内部、改变自身、超越自我的思考和变革。今天的企业，正站在一片广阔的处女地跟前，现在，是改变过去，开创全新企业模式的最好时代。

企业的改变正当其时，我们生逢其时！

导读

企业的组织结构并不是一成不变的，战略从属时代，组织跟随战略。不同的时代，企业不同的发展阶段，都会对组织形态有不同的需求。企业发展与时代需求的匹配程度，是企业选择组织模型的重要依据和方法。从家长制，到直线制，再到事业部制，等等。表面上是不同组织设计和结构的变化，而内部是整个社会由血缘纽带到契约等法理连接的转变，而这背后生产力的发展和生产工具的变化是推动所有一切的原生力量。

什么是组织演进背后的推动力呢？本章根据组织发展的历程，在着重介绍几种不同的企业组织形态以及他们的演变过程的同时，也试图带你一起了解组织成长和演变的奥秘。

第 **2** 章

温故而知新：企业组织成长与演变

一个人的眼界并不严格局限于一个人掌握独特或专有信息的能力。借助正确的观念，任何人都可以拥有深刻的见解，而这些见解足以超越那些深究行业的细枝末节的分析家。

——克里斯滕森，安东尼，罗恩《远见》

2.1 企业组织结构的萌芽——中心型企业组织

在日本旅游时，我曾拜访过一家位于山梨县南巨摩郡早川町的温泉酒店。这家名为“西山温泉庆云馆”（如图 2.1 所示）的酒店诞生于公元 705 年，至今已传承了 53 代。2010 年，该酒店被“吉尼斯”世界纪录收录为全世界最古老并在运营的“企业”。在庆云馆的墙上，挂着酒店历史介绍，也让我们能够还原这家已经存在 1300 多年的酒店发展的原貌。

庆云馆得名于其建造时间，日本庆云 2 年，一位叫作“藤原真人”的猎人在打猎时发现了温泉，之后开辟山路，建立而成。这家山中的温泉酒店，最初仅有 4 名“正式员工”——藤原真人、他的妻子以及两个儿子，但这也足够让这家山间的小温泉酒店顺利运营了。酒店向旅客提供简单的住宿、饮食以及温泉洗浴服务。

在这家酒店中，藤原真人既是酒店的老板，也是酒店的员工，他需要亲自参与到大量的基础工作中去，他肩负着庆云馆的食物采购、推广、财务等多项工作，而他的妻子和儿子则需要负责清理客房、提供饮食。不过，无论对于藤原真人还是对于他的妻子和孩子来说，每天的工作并不固定，比如藤原真人也需要清理客房，妻子也会帮忙收钱，孩子也会按照父母的安排，出去进行采购，为酒店买一些东西。即便是到了后期，庆云馆逐渐声名远播，开始外聘一些临时人员，如妻子的亲戚，或附近的邻居等，这些临时人员的工作也多存在诸多不确定性。他们会根据每天到客的数量，不同时间段工作繁忙情况的不同，被酒店老板分配到酒店所提供的不同形式的服务中去。

图 2.1　西山温泉庆云馆

这种存在了几千年的企业组织形式，被称为中心式的企业结构。所谓中心型，即所有决定都由企业老板下达。由于组织规模小，员工数量少，人员之间并没有明确分工，因此组织内部的沟通工作，基本都可以通过一对一来完成。这样，就形成了以企业老板为中心，所有物资与人力围绕着老板而展开的扁平化结构。中心型企业的特点如图 2.2 所示。

中心型企业的特点

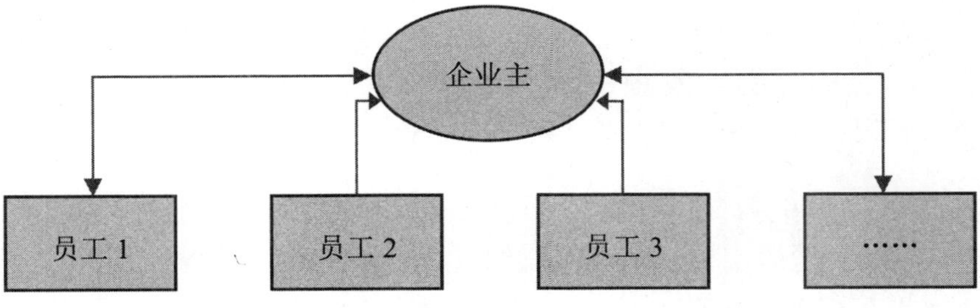

- 所有的人员都围绕着中心而分散开
- 所有的企业活动都由中心直接决定
- 交流活动通过一对一的方式完成

图 2.2　中心型企业的特点

即使在现代，很多初创的小型企业仍在采用中心型的组织结构。对于规模较小的企业而言，中心型的企业组织模型是极具效率的：

- 企业主能够通过一对一的传达模式，有效提升信息传递的及时性和准确性，更有效地控制整体企业按照领导的意志执行，保障企业按照正常轨迹发展；
- 没有明确分工，人员动态分配，极大地缩小了生产能力不足所导致的人员冗余情况，企业生产流程的参与者可以因地制宜地将自己分配到企业生产过程中最需要的地方；
- 处于中心的领导者可以清晰地指导和检验每位成员工作的成效，每个员工也能直接得到对自己工作情况的快速反馈和效果评价。

家长制是中心型组织顺利运行的背后机理

中心型的企业组织形式，通常与家长制的内部治理模式相搭配。企业组织形式与其内部治理模式息息相关，他们相互配合决定了一个企业最终的形态和效率。企业的组织就如同企业的骨架，决定了企业的物理规模和职责设计；而其内部的运行机理，则可以看作企业的神经，是企业决策传导并施行的保证，决定了一家企业的运行效率和效果。

家长制与农业社会生产力低下，以家庭为基本生产单元的自给自足的小农经济占主导地位的社会状况相符合。在家长制的企业中，组织的构成元素多是家庭成员，这使得家庭约束力成为其决策执行的保障和核心基础。这种制度最有力的表现是家庭中儿女对于父母的尊敬，对其意见的顺从。因此，家长制在小型企业组织的内部，具有极强的执行力与稳定性。

家长制优点：

- 能够保证企业活动参与者，对于领导决定的完全接受和切实执行；
- 由于员工的利益与企业的生死存亡联系在一起，因此员工对企业有极强的依赖性；血缘关系也让企业组织具备较强的凝聚力，这也给组织带来极好的稳定性与抗风险能力。

家长制，是一种古老而有力的企业内部治理模式。这种力量伴随人类的发展与变化，已经渗入到人类的 DNA 中。这种制度不仅能够在古老的农业社会企业中看到，在很多现代企业中仍被广泛应用，比如在大型家族企业中，家族、亲属常常在其管理团队中担任重要的角色。

在家长制主导的团队中，血缘和亲属关系是决定其参与企业组织的重要原因。企业组织的执行力也是依靠家族对个人的培养，以及个人对家族的依赖性而产生的。这种家族的依赖性通常需要经过多年的相处与磨合，是一种不可忽视的强大内部治理力量。

华人首富：李嘉诚家族与家长制

李嘉诚，香港企业家，他创立的长江集团就是华人圈典型的家族型企业。现在的长江集团已经拥有从长江实业、和记黄埔、长江基建到香港电灯、赫斯基能源等多种多样的业务。李嘉诚的长子李泽钜于 1985 年大学毕业，同年起加入长江实业，现任长江实业董事局副主席兼董事总经理。

为了保证李氏家族企业的延续，李嘉诚对家族成员的培养不遗余力。他很早就把儿子们带入了自己的社交圈子，锻炼他们各方面的能力。如非特殊情况，与这些人士的日常联系，几乎全交由儿子处理，其目的无非是弱化自己的光环，让他们建立“私人友谊”。而其长子李泽钜，从小在学业、事业、家庭等方面都谨遵父意，也很早就被寄予肩负家族传承的使命，现在已长期担任长江实业董事总经理及和记黄埔副主席。

2013 年 5 月，年届 84 岁的李嘉诚，以长和系主席的身份，在即将度过本命年生日时，主动向传媒披露“分身家”细节：长子获实业，次子得现金。如今李泽钜持有 LKS Unity 总权益的三分之二，余下三分之一继续由李嘉诚持有。LKS Unity 是长和系资产的终极持有公司，共控股 22 家上市公司，总市值 8521 亿港元。通过分家，李嘉诚已完成家族企业的第一次交接，李泽钜将开始驾驶这艘家族型的航空母舰继续前行。

长江集团的管理层有多位李氏家族成员，他们一方面通过家族的力量保证家族成员对整个企业极高的忠诚度，同时，李嘉诚也通过对儿子长年的培养，保证了其内部治理的顺畅性。同李嘉诚的选择一样，以家长制为核心的治理模式，是很多中国企业至今仍在采用的方式。这与中国传统文化的主流儒家文化的发展具有密切关系。儒家文化的核心是家族主义，尤其强调家庭价值，强调成员对家族繁荣和延续所承担的义务。中国几千年的家文化，正是家长制生长的土壤。

家长制与中心型结构常常相伴而生，通常在以家长制作为内部执行力根源的企业组织中，易于产生以家庭家长为中心的企业形态，而企业内部不同成员拥有的权力与地位与家长的信任度、忠诚度息息相关，而不是职务高低。

2.2 企业组织体系的进化——直线式组织的诞生

在农业社会发展的中后期，中心型的组织结构已经开始发生了变化，最初的也是最重要的改变是在中心型结构中诞生了专业化的分工。

1776年，亚当·斯密在其《国富论》中第一次提出劳动分工，他系统全面地阐述了劳动分工对提高劳动生产率和增进国民财富的巨大作用。在生产、服务流程中，分工使得不同人对不同的环节负责，并通过不断提高其在该环节的效率和专业能力来提高整体生产效率，另一方面，分工也减少了劳动监督成本。分工程度较高时，个人责任清晰，工作内容简单，易监督，且监督成本相对较低。反之，若分工程度低，则单个工人从事劳动内容随机、复杂，监督难度加大，监督成本上升。

国富论——论分工

极大地增进劳动生产力，以及运用劳动时所表现的更加的熟练、更多的技巧和更强的判断力，似乎都是分工的结果。

以扣针制造业为例：一个劳动者，如果对于这个职业没有受过一定的训练，又不知怎样使用相关机械，那么纵使竭力工作，也许一天也制造不出一枚扣针，要做二十枚，当然是更不可能了。但按照分工这种经营的方法，不但这种作业全部已经成为专门职业，而且这种职业分成若干环节，抽铁线、拉直、切截、削尖、磨平、装圆头、涂白色、包装，等等。这样，扣针的制造便分为十八种操作，十八种操作分别由十八个专门工人承担。像这样一个雇佣十几个人的小工厂，虽然很简陋，但只要工人勤勉努力，一日就可成针四万八千枚，即人均一日可成针上千枚。如果他们各自独立工作，不专习一种特殊业务，那么不论他们是谁，也绝对不可能一日制造二十枚针，说不定一天连一枚针也制造不出来。

就其他各种工艺及制造业来说，虽有许多不能做这样细密的分工，操作也不像这样简单，但分工的效果总是一样的。凡能采用分工制的工艺，一经采用分工制，便相应地增进劳动的生产力。各种行业之所以各个分立，似乎也是因为分工的这种好处。

劳动分工提高了效率，并对企业内部的组织形态产生了重要影响：

- 一是由于专业分工，某项工作可能需要多个员工完成，管理者对员工任务的分配与监督难以操作；
- 二是工作的权力和责任不再单独赋予个人，而是逐步转向职位，比如负责运营的人员需要对整个企业的运营顺畅情况负责，但同时也有权利做出运营中的决定；
- 三是分工后随着生产力的提高和企业规模的扩大，使得扁平化的中心式的组织模型已经无法很好地满足外部的需求。

很多传统的中心式组织的企业，随着分工的发展，在发展过程中组织也逐步向层级化的直线式企业组织转变。

从乔家大院看中国传统企业内部组织的改变

山西“票号”产生于19世纪，是现代商业银行的前身。“票号”作为专门从事存、放、汇的金融机构，在中国金融界活跃了近一个世纪。电视连续剧《乔家大院》就是一家典型的山西“票号”。

从乔家大院，我们可以清楚地看到，中心型组织在“票号”发展过程中逐步出现多种多样分工的过程。山西"票号"在经营过程中，无论是一家出资还是几家合资，财东（出资人）都是首先物色一位有经验、可信赖的人作为掌柜，并与其签订契约合同，规定出资额，由掌柜自主经营，财东不进行任何干预。这实际上是财东所有者向经理授予全权的两权分离。

票号内部普遍推行人力股制度。人力股又称身股、人身股或顶生意，即不出资本而以人力所顶的一定数量的股份，按股份额（人力资本股）与银股（金融资本股）共同参与分红。人力资本（员工）与金融资本（股东）实现了有效牵制。

山西票号的分号遍布大半个中国和日本等国，在信息传递和交通都不发达的19世纪，票号经营中的分工采取了不同的约束机制，保证了其顺利的运转。

票号采用的这种制度，已经和传统的中心制截然不同，在企业中已经出现了多个层级，从经理到伙计、到学徒乃至财东，这是一种层级关系明显的组织结构。这种组织结构被称为直线制组织结构，或U型组织结构。

直线制组织结构由泰勒首先提出，是中心型组织结构的进化。直线制将管理工作按职能划分为若干个部门，各部门从此时期开始，具有了一定独立性。但在初期，各部门的独立性仍然较低，权力依然集中在企业最高决策者手中。直线制组织结构如图2.3所示。

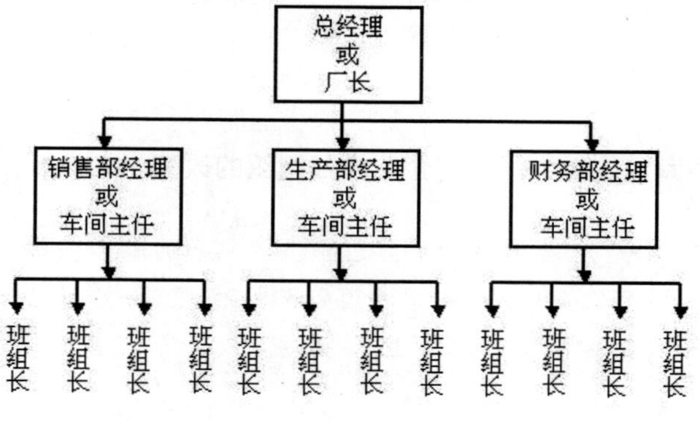

图2.3　直线制组织结构

十八世纪六十年代爆发的工业革命带动了直线制组织结构的流行。其实在工业革命之前，随着农业社会的发展带来人类寿命的增长，客户的需求已经逐步扩大，企业都在努力地寻找扩大生产能力的方式。随着工业革命的爆发，技术的进步带来了工业化大生产的可能。尤其在工业革命的初期，由于生产力相对于需求仍有巨大的缺口，因此企业只要扩大生产力，就能够为企业积累巨大的财富。因此，几乎所有使用新技术的企业都在积极扩大雇佣的工人数量，导致大量的企业规模快速扩张。随着企业规模的扩大，导致中心型企业结构的问题更加严重，因此企业内部出现了专门从事管理的专职人员。

在初期的直线制组织结构中，工作流程是沿着指挥链进行各种作业的。每个人只向一个上级负责，必须绝对地服从这个上级的命令。这种层级的增加，首先是将扁平化的中心式结构向纵向体系的组织结构转变，整个企业逐步形成了一种金字塔式的结构。

直线制结构及特点：

- 主管人员在其管辖范围内，对其直接下属拥有直接职权——决策权、指挥权和监督权；
- 组织中的每一个人只对他的直接上级负责或报告工作；
- 企业主通过管理职能部门人员来进一步管理到基层员工，从而扩大了管理规模。

工业革命初期的工厂——恩格斯《论权力》

……就拿纺纱厂作例子吧。棉花至少要经过六道连续的工序才会成为棉纱，并且这些工序大部分是在不同的车间进行的。为了使机器不断运转，就需要工程师照看蒸汽机、技师进行日常检修，需要工人把生产品由一个车间搬到另一个车间，等等。所有这些劳动者——男人、女人和儿童——都被迫按照上级决定的时间开始和停止工作。所以，劳动者们首先必须商定劳动时间；而劳动时间一经确定，大家就要毫无例外地一律遵守。另外，在每个车间里，时时都会发生有关生产过程、材料分配等局部问题，要求马上解决，否则整个生产就会立刻停顿下来。至少就劳动时间而言，可以在这些工厂的大门上写上这样一句话：进门者请放弃一切自治！……

直线制组织结构适用于企业规模小、生产技术简单，而且还需要管理者具备生产经营所需要的全部知识和经验。它要求管理者应当是“全能式”的人物，特别是企业的最高管理者。随着社会化分工和规模化大生产的进一步发展，企业员工数量进一步扩大，在直线制的基础上又出现了职能结构和直线职能制结构。

职能结构是由泰勒创造和提出的，它是按职能实行专业分工的管理办法来取代直线结构的全能式管理。下级既要服从上级主管人员的指挥，也要听从上级各职能部门的指挥。

泰勒与职能工长制

泰勒是美国古典管理学家，科学管理的创始人，被誉为科学管理之父。他从一名学徒工开始，先后被提拔为车间管理员，技师，小组长，工长，设计室主任和总工程师。工厂的经历，使他了解工人们普遍怠工的原因，他感到缺乏有效的管理手段是提高生产率的严重障碍。

泰勒认为，劳动生产率不仅受工人的劳动态度、工作定额、作业方法和工资制度等因素的影响，同时还受管理人员组织、指挥的影响。在军队式的直线组织的企业里，指令从经理经过厂长、车间主任、工段长、班组长再传达到工人。在这种企业里，工段长和班组长的责任是复杂的，需要相当的专业知识和各种天赋的才能，方能胜任。为此，泰勒开始探索科学的管理方法和理论。

泰勒主张明确划分计划职能和执行职能，希望通过管理的分工，用科学的工作方法取代传统的凭经验工作的方法。计划职能划归管理团队，设立专门的计划部门。其主要任务是：制定有科学依据的定额和标准化的操作方法、工具、拟订计划、发布指示和命令，并有效的控制。而执行职能由工作现场的工人和工长从事，他们按照计划部门制定的操作方法和指示，使用标准工具，从事实际的操作。

泰勒在《工厂管理》一书中为计划部门规定了 17 项主要负责的工作，包括企业生产管理、设备管理、库存管理、成本管理、安全管理、技术管理、劳动管理和营销管理等各个方面。泰勒所谓的计划职能与执行职能分开，实际是把管理职能与执行职能分开，设置专门的计划部门即管理部门，让资方承担管理职责，让工人承担执行职责。

泰勒的职能工长制是根据工人的具体操作过程对分工的进一步细化而形成的。

他认为这种职能工长制有三个优点：

- 每个职能工长只承担某项职能，职责单一，对管理者培训花费的时间较少，有利于发挥每个人的专长；
- 管理人员的职能明确，容易提高效率；
- 由于作业计划由计划部门拟订，工具和作业方法标准化，而车间现场工长只负责现场指挥与监督，因此非熟练技术的工人也可以从事较复杂的工作，从而降低了整个企业的生产费用。

职能制的具体模式如图 2.4 所示。

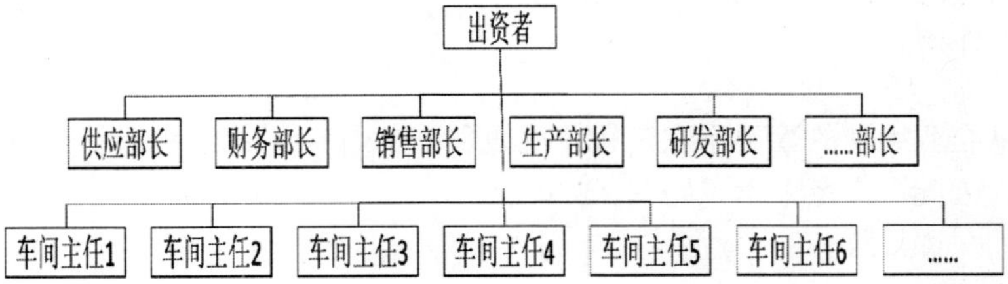

图 2.4　职能制的具体模式

泰勒的科学管理理论是管理思想发展史上的一个里程碑，它是管理在科学道路上一次质的飞跃。作为一个较为完整的管理思想体系，科学管理理论对人类社会的发展做出了自己独特的贡献。20 世纪以来，泰勒的科学管理理论在美国和欧洲大受欢迎，但是随着不断的应用，这种职能制也被发现具有一定的局限性，如适应的范围比较小、比较窄，侧重于生产作业管理等。

直线职能制是直线制与职能制的结合，这种组织形式最早是由法国的工业企业家亨利·法约尔提出的。法约尔与泰勒一样同属于管理学派，泰勒的理论侧重于在工厂中提高劳动生产率的问题，而法约尔则侧重于高层管理理论，他们的理论互为补充。尽管泰勒认为职能工长制有许多优点，但后来的事实证明，这种单纯"职能型"的组织结构容易形成多头领导，造成管理混乱。针对这些问题，法约尔从高层管理的角度，把直线制同泰勒的职能制结合起来，使得组织内部既有保证组织目标实现的直线部门，也有按专业分工设置的职能部门；但职能部门在这里的作用是作为该级直线领导者的参谋和助手，它不能对下级部门发布命令。这种组织结构形式吸取了直线制和职能制的优点：一方面，各级行政负责人有相应的参谋机构作为助手，以充分发挥其专业管理的作用；另一方面，每一级管理机构又保持了集中统一的指挥。

直线职能制的优点如下：

- 职能部门拟订的计划、方案及有关指令，由直线主管批准下达；
- 职能部门负责业务指导和提出参考建议，无权直接下达命令，各级行政领导人实行逐级负责制，保持权力的高度集中；
- 它既保证了直线链条的统一指挥，同时又充分发挥了专业职能机构的作用。

从企业组织的管理形态来看，直线职能制是直线制组织最为理想的管理架构，因此被广泛采用，如图 2.5 所示。

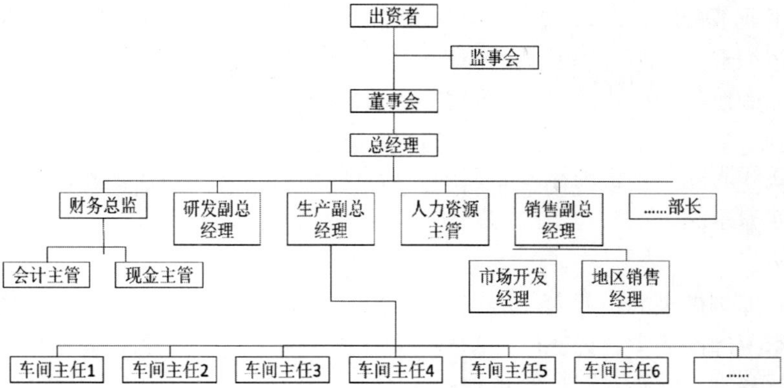

图 2.5　直线职能制的具体模式

亨利·法约尔与直线职能制

亨利·法约尔，法国古典管理理论学家，与马克斯·韦伯、泰勒并称为西方古典管理理论的三位先驱，并被尊称为管理过程学派的开山鼻祖。

法约尔于 1841 年出生在法国的一个资产阶级家庭，就职于高芒特里公司。1868 年，当该公司的财务状况极为困难，公司几乎濒于破产时，法约尔被任命为总经理。在此期间，他采用科学的管理方法，把濒临破产的企业发展成当时法国财力极为雄厚的公司。法约尔在总结这段经历时说：尽管矿井、工厂、财源、销路、董事会和职工同原来都是一样的，但只是运用了新的管理方法，公司就得以逐步复兴和发展。

法约尔关注的焦点是什么类型的专业化和等级制度，才能使组织效率最大化。这两个概念的使用使组织设计较少关注人，只把人看成齿轮上的一环。管理思想的基础有四个关键问题，分别是劳动分工、等级与职能过程、组织结构和控制范围。另外，还有纪律、统一指挥、统一领导、职工报酬原则、集权和团队精神等一些概念。

契约制是组织能进一步发展，是直线制、职能制和直线职能制等不断涌现的基础

工业革命发生后，大量的企业开始出现，在这些企业中，除了和农业社会的组织形态有不同外，其内部治理和运行机制也发生了极大的改变——企业内部的执行力传达已经不在依靠家族血缘关系，而迅速转为由双方签订契约所确定的法理机制。可以说，工业革命后的企业，已经经过了从骨髓到血脉的整体改变。后续现代企业理论，都是伴随着企业内部治理和运行机制的改变才诞生的。

法理制带来的企业内部治理方式的基本核心源于西方社会的契约精神。西方组织理论通常认为，法理制是一种比家长制更为稳定的企业制度。在传统的家长制企业内部，尽管也有规章体系，但规章来自于传统习惯，组织成员之间的关系建立在个人关系和喜爱偏好的基础上，是不规则的，组织运营具有很大的不确定性。

与前文所提到的中国晋商的血缘地缘、师傅徒弟的这种信任关系不同，法理制使得企业内部治理不再是简单地以关系为纽带，而是通过出资方的企业主与工人之间的契约约定，根据企业章程，双方按照章程所定协议执行。这种方式是建立在相信规章制度和行为规则的合法性基础上的，以规则为执行力的出发点和归宿点。规则代表了一种大家都遵守的普遍秩序，要求团体成员必须尊重规则本身。

现代公司的契约精神

新古典经济学把公司看成是一个黑箱子，他们认为公司是一种连接投入产出的装置，至于公司"黑箱"的内部运作和结构并不是传统主流经济学家关心的问题。直到20世纪30年代，科斯的《企业的性质》一文发表，自治与契约在公司法领域的应用才逐步得到广泛关注。

科斯指出，企业和市场是合约的两种形式，企业内部科层制的组织形式，能很好地协调各方，减少交易成本。后续不断有学者丰富该理论，开创了"公司契约理论"。该理论认为，公司"乃一系列合约的联结"，即公司被定性为一系列合约关系，而公司合约则成为构成公司这一经济实体的基本组成单位。公司作为一种制度安排，其基本的分析单位是个人，公司所包含的内容可以被分解为不同的合约关系。

公司契约理论提供了一项崭新的研究方法和独特的思维视角。公司合约反映了公司内外部错综复杂的利益关系以及如何运作的一种安排。如股东之间、股东与公司之间，甚至员工同公司、债权人同公司之间无不被各种各样的合约连接。从公司的个体发展，以及从设立到消亡的整个运作过程都同样充斥着公司合约。它们包括文字的和口头的、显性的和隐性的、明示的和默认的等各种合约。从以上角度分析，公司完全可以被看作由合约而形成的巨大网络。

法理制保证了企业运营高度的理性化。由于私人的行动秩序最优模式只能通过实践中反复博弈形成，而公司合约又最能体现当事人在自由意志下所达成的一致意见，因此，通过签订自由契约，并通过对契约遵守来保证的法理制，在组织的精确性、稳定性、严格的纪律性和可靠性等方面，均优于中心型的组织形式。

同时，法理制相比中心型组织形式的另一个巨大进步还在于它冲破了以血缘、家族等为纽带的家长制运行方式，大大地扩展了组织能够运行的边界，真正地推动了企业从家族式、作坊式迈向社会，成为一种社会化的形态，真正让企业成为整个社会运行的一个基础细胞单元。

2.3　直线职能制组织结构的革新——事业部制与矩阵制的诞生

直线职能制的组织结构是对传统的中心型结构的巨大转变，在直线职能制的组织机构中，层级制度严格，一个企业员工只能与一个上、下级进行上行、下行沟通，决策只从直线上属发出，处于沟通链条两端的最高管理者与最低执行者只能进行单一的下行与上行管理沟通。在企业规模较小，生产结构相对稳定时无疑大大提升了组织效率，但随着员工规模的进一步扩大和生产内容的不断创新和变化，直线职能制组织的弊端也逐步显现。

在20世纪60年代以前，日本处于低效率的经济中，直线职能制组织结构发挥了巨大作用，是当时企业最为普遍的组织形态。各级管理机构和人员实行高度的专业化分工，每一个职能部门各自履行一定的管理职能，所开展的业务活动将为整个组织服务，组织形式相当稳定。但当企业经营规模扩大时，客观上要求增加组织层次，而随着组织层次的增加，信息必须经过多个层次的传递，使得上下沟通容易失真，使组织缺乏效率。同时，由于各个职能部门都只负责某一方面的职能工作，使得内部组织各职能部门间横向沟通不畅，协调困难。因此随着经营规模和品种的扩大，直线职能制组织越来越难以形成有效的沟通和统一。

从日本直线职能制管理中，我们能看到直线制最大的问题是沟通严重依赖于直线上的各点，而企业领导作为整体汇聚点，对企业具有决定权。然而，随着企业进一步扩张膨大后，直线制这种金字塔的结构带来了新的管理问题——处于金字塔顶端的企业领导渐渐远离企业外部消费和内部的生产现场，但管理沟通的信息来源与基本流又被这些上层管理者绝对控制， 并且随着企业规模的扩大，直线中间的各个点严重影响了管理沟通的速度和质量，信息容易被截取或增删，造成管理沟通不顺畅或失误。

直线职能制结构的主要问题如下：

- 在任务分配和人事安排上缺乏分工与协作，难以胜任复杂的职能；
- 组织结构刻板，缺乏弹性，不利于调动下级的积极性；
- 权力高度集中，易于形成独断专行，长官意志；
- 组织成员间缺乏横向沟通，在心理上容易形成疏远感。

进入 19 世纪 20 年代后，企业的规模急剧扩大，多层次的金字塔型组织结构使大型企业像巨型恐龙一样笨拙。随着横向一体化和纵向一体化的同时发展，一个公司同时生产和销售多种产品、提供多种服务，并在多个国家或地区销售，导致市场的竞争更加激烈。直线职能制的组织形式使得决策的流程、效率和应对变化的速度越来越难以满足市场的需求，一场针对组织的新变革也在悄然发生。

1924 年，时任通用汽车总经理的斯隆，对通用汽车公司的组织形式进行了一次颠覆性的成功改造，并由此确立了事业部制在现代大型企业中的稳固地位，成为实行事业部制度的典型。

事业部制度，也被称为“斯隆模型”。这种制度对企业组织结构的变革主要集中在企业的中高层。事业部制度以产品、地区或者顾客群体作为依据，在公司制企业内部，组成了多个相对独立的集研发、采购、生产、销售为一体的生产经营单位，事业部制度可以分为产品事业部、地区事业部和顾客群体事业部等多种形式。

每个事业部都有自己较为完整的职能机构。在最高决策层的授权下，享有一定的投资权限，是一个具有较大经营自主权的利润中心，其下级单位则是成本中心。事业部具有集中决策、分散经营的特点。集团最高层（总部）只负责掌握重大问题决策权，从而更大程度的从日常生产经营活动中解放出来。实现了总部的战略决策与资源支持功能，与各事业部的金字塔式分市场自主经营功能的分离，从而降低了需求多变下的高昂的内部协调成本，提高了组织对市场的反应速度。“内部市场”即引入分散决策与竞争机制是事业部组织成功的重要原因。

通用汽车公司的事业部制创新

1920—1921 年的经济危机期间，通用汽车公司在经营管理上的问题彻底暴露出来。公司危机四伏，摇摇欲坠。斯隆开始了改革的进程，这场改革从 1921 年起一直持续了 10 年。

斯隆分析了通用汽车公司的弊病，指出公司过去将领导权完全集中在少数高级领导人身上，他们事无巨细，大包大揽，反而事与愿违，造成了公司各部门失去控制的局面。他认为，大公司的较为完善的组织管理体制，应以集中管理与分散经营二者之间的协调为基础。只有在这两种显然相互冲突的原则之间取得平衡，把两者的优点结合起来，才能获得最好的效果。因此他认为，通用汽车公司应采取“分散经营、协调控制”的组织体制。根据这一思想，斯隆提出了改组公司组织机构的计划，并第一次提出了事业部制的概念。

1920 年 12 月 30 日，斯隆的计划得到公司董事会的一致同意。次年 1 月 3 日，这个计划开始在通用公司推行。

斯隆在以后的10年中，改组了通用汽车公司。斯隆将管理部门分成参谋部和前线工作部的做法相当为人们熟悉，这种分组在19世纪较大的铁路公司里已经成形。斯隆在通用汽车公司创造了一个多部门的结构，将力量最强的汽车制造单位集中成几个部门，开发系列产品，在竞争出现的各个阵地上应付挑战。

每个不同牌子的汽车都有自己专门的管理人员。每个单位的总经理相互之间不得不进行合作和竞争。通用汽车公司后来成为一架巨大的机器，但斯隆力图使它保有小公司所具有的激情和活力。

斯隆的战略及其实施产生了效果。1921 年，通用汽车公司占美国国内销售的7%；到1926年底，通用汽车公司已拥有40%以上的汽车市场；1940年通用汽车公司已达该年全国总销量的一半。相反，福特公司的美国国内市场份额在1921年时是56%，而到1940年时是19%，这是美国商业史上最戏剧性的沉浮升降之一。

事业部制度在现代企业管理的发展中，被认为是具有划时代意义的产物。1962年钱德勒关于美国企业的战略与结构的开创性历史研究中，认为事业部制度是早期多元化企业对于直线制组织结构在协作和控制方面所存在问题的一个创新性回应。

事业部制度的优点主要包括：

- 总公司的领导可以摆脱日常事务，集中精力考虑全局问题；
- 各事业部实行独立核算，更能发挥经营管理的积极性，更加便于专业化生产和实现企业内部的协作；
- 各事业部的比较和竞争，有利于企业的发展；
- 产、供、销集中在一个事业部，容易协调；
- 事业部经理要管理的是一个实际意义上的小型企业，有利于培养和训练管理人才。

事业部制组织结构刚刚建立，就开始向包括美国在内的世界各国、各行业扩展。日本经营之神松下幸之助在1927年采用了事业部制。20世纪30年代，英国化学工业公司和日本三菱也采用了这种结构。20 世纪 60 年代，事业部制度几乎渗透了各个发达国家多元化大型企业的内部组织。20 世纪 90 年代，这种组织结构开始传入中国，中国企业也越来越多的采用事业部制进行管理。

在市场相对稳定、品种变化较慢的工业革命后期，事业部组织结构的大量使用案例证明了其可以广泛地用于产品种类较多的大型企业。然而，当企业发展到一定规模或阶段时，尤其是信息化出现后，随着企业生产效率的进一步提高，必然会出现产品的多元化、市场更加分散、业务更加繁杂、部门更加庞大的结果。同时，在市场品种变化速度开始加快，技术迭代更新加速的条件下，市场要求产品不断推陈出新，企业要求以较低的转换成本，在多种型号之间转产，以满足不断变化的市场需求，也使得对横向沟通的要求进一步提高，因而事业部制的缺点开始显现。

事业部制的缺点：

- 公司与事业部的职能重叠，造成资源浪费；
- 各事业部独立核算，只考虑自身利益，过多考虑经济关系，从而影响事业部之间的协作；
- 事业部之间的竞争导致人员流动和先进管理方式与生产技术交流困难等。

在事业部制度下，日常运营中各种各样的事务会交叉影响。如果企业的组织结构没有及时得到调整，仍然采用单一的管理体制，那么就会出现企业的内部信息传递缓慢、客户的请求无人顾及、新产品研发的机会错失、下级部门与上级部门步伐不协调等问题。在这种情况下，以产品或以服务来划分部门的至今已经有 90 年历史的事业部制度，已经无法适合企业复杂的运营环境，企业需要更加柔性的管理，以使其各项业务得到更有效的运营。

矩阵式组织结构诞生于 20 世纪 50 年代，又被称为规划目标结构组织。这一组织结构通过使一位员工受到两名主管人员管理的方式，来解决交叉协作的问题。它由纵横两套管理体系组成，一套是纵向的职能领导系统，另一套是为了完成某项任务组成的横向项目系统。因此，矩阵式组织结构既可以根据某一产品设计、生产、销售的需要，设置项目小组来对该产品对象进行统一的管理，又可以对各项职能进行分类的管理，具有较大的灵活性和机动性。如图 2.6 所示。

这种组织结构恰好能够弥补对企业进行单一划分带来的不足，把各种企业划分的好处充分发挥出来——通过横向及纵向的管理方式，通过跨职能部门的设立，强化彼此间信息的流通，更加灵活、有效地协调不同业务的发展。

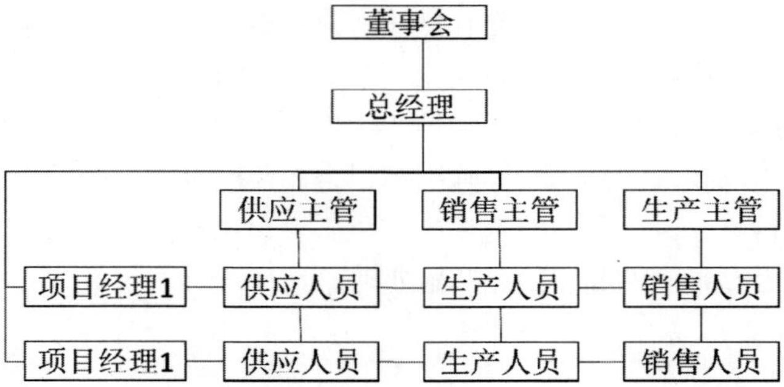

图 2.6　矩阵式组织结构的具体模式

这种组织结构具有以下优势：

- 通过组成项目小组而达到事业部的效果，不仅能够使项目小组内的信息和物品流动更加畅通，而且能够使企业有效协调职能部门的工作，发现解决实际问题；
- 能够充分利用已有创新，有利于创新经验的扩散和积累的提高，最终提高企业的创新能力。

大象的探戈——解析 IBM 的矩阵式管理

什么是 IBM 式矩阵？简单地说：任何一位 IBM 的现有或潜在客户，都至少有两个 IBM 人盯着你，一位来自 IBM 品牌事业群（硬件、软件、PC……），另一位则来自产业事业群（金融、交通、制造……）。

在实行矩阵管理前，IBM 是全球著名的金字塔型组织代表公司，那时 IBM 成立无数销售事业部，但彼此却缺乏横向的联系。领导像是高高发令的将军，但对客户需求却一无所知。许多客户只能小声抱怨：IBM 不仅没有服务品质，而且决策流程超长也超慢，反应像科技博物馆里的恐龙。蓝色巨人财务报表开始出现血淋淋的红字：1991 年亏损 28.3 亿、1992 年亏损 49.6 亿、1993 年亏损 81 亿。

郭士纳把矩阵式组织成功带进 31 万人的超级公司。连 IBM 的对手们都不得不承认：IBM 能由一家低毛利的硬件大公司，成功转向高附加价值的新服务巨人，这套“十字钳阵列”是攻守易位的关键。

首先，以顾客为中心，重组原本各主其事的事业群，整合成以产品类、业务类（以客户所在产业，作第一手垂直行销）为主的两大团队，让他们既彼此竞争又彼此合作，即使是出过 5 位诺贝尔奖得主的研发实验室，也必须定位在客户的需求上，才能激活研究进度。

第二步，把决策权由各地总公司回收到总部，把官僚式的八九个层级缩减到四层，同时各地业务分别由当地总经理、地区总经理与美国总部产品类、业务类总经理共管。“就像两把钳子，不断会给你压力。”IBM 大中华地区全球服务部总经理曾元曦指出。

第三步，加强与客户的联系，盯紧客户的需求，将心思转回客户的身上。

1996 年，IBM 动员旗下金融事业群兵力，加上软件实验室协同开发数据管理新软件，使得保德信人寿与 IBM 签下一纸 5 年 3.4 亿美元的采购合约。与 IBM“失联”已久的美国保德信人寿重回 IBM 怀抱，是郭士纳带队胜利的里程碑。此后 IBM 一路过关斩将，生意由谷底 V 型反转。

伴随着矩阵式组织结构的诞生，同期也出现了多维立体式的组织结构，每个员工同时受到三个不同方面的领导，按照产品、职能和地区三个纬度分别给予指导。这两种组织结构模式都强调了企业行为过程中，不同子系统的协同性，对于强化组织内部的横向联合，提高组织运行效率具有一定意义。

在法理制基础上的现代公司制度+领导魅力加快了企业组织更多创新形式的探索

到 19 世纪末期，社会环境的变化加快了法理制在企业中的广泛应用：（1）大型项目的建设（铁路等）需要投入巨额资金，单个业主和少数合伙人的资本无法满足要求，需要企业从社会范围募集资金；（2）随着激烈的市场竞争和企业规模的扩大，出资者在决策和经营过程中越来越感到力不从心；（3）为了分散风险，出资者将自身的资金分散投入到众多的不同领域，对于很多不熟悉的产业，出资者显得束手无策，需要社会上的成熟人才帮忙管理。为适应这些变化，基于法理制的公司制企业应运而生。公司制的企业保证了企业能够在更加广阔的社会范围内募集资本，确保企业本身的独立性，使出资者只是对企业承担有限责任，把出资者从日常烦琐的管理事务中解脱出来。出资人对企业资产具有使用、占有和处理的权利，管理者对日常经营负责，两者形成相互制约、相互激励的组织机制。

从近代越来越快的组织结构的改变，我们不难发现，没有任何一种组织结构是万金油，能够适应各种时代条件的。然而，在严密的契约的保证下，法理制度在给企业带来充分的稳定性与运转效率的同时，也让企业内部的革新变得异常艰难。

不论是从直线职能制到事业部制的改变，或者是事业部制向矩阵式的改变，这种革新的推进，都需要有别于法理制的强大力量进行推动和保障，来让革新的企业组织能够顺利运转。而这种区别于法理制度的强大力量来源于企业领导者的魅力。

领导者的魅力是超越理性法理制的一种特殊力量，其决策的执行来自于对领袖个人魅力的崇拜，其运行机理的主要根源是人。决策者需要拥有不同凡响的特质，这种特质可以是气质、人品、性格、学识、智慧和能力。魅力领导通常伴随着企业的动荡时期产生，变革的推动者必须充满自信，并且具有强烈的个人动力。在通用汽车事业部制度的创立者和推行者斯隆以及 IBM 的革新者郭士纳身上，我们都能看到这种领袖个人魅力的作用。

魅力型的领导关系是以人为基础的，而这种力量通常是不稳定的。由于这种领导力的核心是对个人能力的崇拜，就如同现在的体育明星和演艺明星一样，领袖人物需要不断地以某种新的方式展现自己的个人魅力，为"粉丝"提供新的刺激，保持崇拜者的兴奋和激情。 一旦领导的光环退却，企业进入稳定的发展过程中，那么这种领导力就会逐步的平凡下去，演变为普通的法理型的内部治理方式。

2.4　总结：企业组织变革背后，那只看不见的手

组织架构是管理中的一个古老问题，研究组织结构设计是与时代发展相伴而生的。B·加尔布雷斯和爱德·劳勒认为，对企业而言，从“长远来看，除了组织和管理能力，不存在能够长久保持的优势。”这一点基本是一种共识，即组织对公司来讲，在发展方面是基础性与决定性的。

回顾两千年的企业组织发展历史，从远古的中心制到事业部制，以及矩阵制，我们不难发现时代的手在悄然影响着企业组织的变化，企业组织的发展与整个大时代是紧密相关的，不同时代，人类生产力与其需求之间不断平衡的过程，最终影响着一个时代的特征，并最终导致了企业组织的革新。**企业组织作为一种生产关系，首先是要适应时代生产力的发展需要。**

在工业革命之前，自给自足的自然经济占统治地位，而生产力的水平并不足以维持大规模的劳动者，社会生产和消费主要是以家庭为经济单位，因而，当时出现的小型企业，其企业主要组成是家庭成员，而组织的形态也是以家庭主人为中心、家族成员之间没有明显分工的中心型组织，企业内部治理模式依靠家长制来实现管理和运行。

随着农业社会生产力的发展，对生产、生活物资的需求大规模的提升，社会出现了大规模的商品交换和经营活动，整个社会处于物质需求大于生产力供给的情况。因此在工业革命的初期，企业的主要核心功能是组织内部员工有效地完成高效率的生产。企业内部出现分工协作，并进而出现了直线制组织形式。企业通过新增管理的层级，加强对基本生产力——工人的管理能力。直线制随着社会生产力的发展和企业规模的变化在不断的演进。从初期的直线制到后期的职能结构以及直线职能制，无不反映了通过组织结构的变革，进而提高生产力的时代需求。而这个时代的另一大变化则是从家长制变为契约式的法理制，将出资人与企业员工的关系通过契约固定下来，并由此

保证了企业以及该企业所提供的生产力能够稳定的发展。

而到了近代，信息革命的发生，使得企业内部处理信息的能力提高，单节点的生产能力与管理能力也发生了质的飞跃。然而随着世界人口的稳定和单一大生产能力的提高，生产力与需求的关系正在逐步发生改变，企业开始了漫长的由生产主导向销售导向的转变。业务多元化，全球化成为企业的主要发展趋势。生产与销售之间的脱节成为了信息化时代中仍处于直线职能制企业的核心问题。因此，出现了多种多样的制度，对原有制度进行弥补和修改，其中较为知名与成功的是事业部制和矩阵制，这些制度通过实行独立事业部核算机制，以及通过跨职能部门来加强整个企业内部各个部门的协调性，保证企业生产力与用户需求之间的配合。

时代改变了生产与需求之间的关系，并最终改变了一个时代的企业组织形态。随着时代的改变，企业组织结构和内部治理方式也在不断地改变。正如管理学之父泰勒所说："科学管理迈出的每一步都是演变，而不是一种理论，在任何时候都是实践先于理论的……任何东西都不是一成不变的。"一种组织模型对另一种组织模型的替代，是让企业更好地适应企业所处时代的最终解决方案。

组织演进的活化石——杜邦公司组织结构演化史

杜邦公司已经在这个地球上存在200多年了,在其不断发展和演进过程中,组织变化就像一本教科书,真实而又具体的给我们展现了一个企业如何调整组织不断适应外部变化和战略要求,逐步从一个小企业成长为今天的产业巨头。

第一阶段：家族式管理下的杜邦公司

1802年杜邦公司成立，从1802年到1880年，黑火药一直是杜邦公司的主要产品。在商业领域，原总裁亨利大刀阔斧，通过行业协会和兼并同行企业的做法，令杜邦帝国庞大无比。

杜邦公司在成立初期，保持着家族企业的作风。家族所有成员都住在位于工厂旁边统一的房子里，所有在杜邦公司工作的家族成员都不支取薪水，日常所需皆由公司供给，全部家族财产都属于公司。

第二阶段：形成中央集权、直线参谋制结构的杜邦帝国

1902 年随着尤金的去世，杜邦公司陷入出售的危机。以创始人的曾孙为首的三巨头借杜邦易主、重组的机会，把许多小企业组成的松散行业联盟转变为一个一体化的集权管理的企业，加快了公司产品向更为先进的甘油炸药转型。

他们成立了一家新的公司：E.I.杜邦·德尼莫火药公司，用来接管合并进来的资产。新公司的组织设计分五步完成：(1) 合并所有制造活动，产量集中在几个大的工厂，且靠近产品相对应的市场；(2) 建立三个管理部门（分别对应黑火药、甘油炸药、无烟火药三种产品）协调、规划和评估工厂的生产工作；(3) 以瑞帕努公司的班底为主，分别成立销售部、工程部、运输部和采购部；(4) 建立发展部，致力于改进工艺。中央集权职能部门的组织结构，经过了第一次世界大战的考验。由于来自欧洲战场的订单剧增，杜邦公司的规模也以几何级数膨胀，而管理层应付自如。

第三阶段：形成多元化、事业部制结构的新杜邦

1915 年，欧洲战事全面爆发，杜邦公司的无烟火药订单剧增。从 1914 到 1918 的四年时间，杜邦员工从 5300 人激增到 85000 人。

面对这种天降机遇，公司总裁皮埃尔表现得非常冷静，甚至不乏忧虑。“我们必须保持谨慎，……扩张已经超越了我们最大胆的梦想！”皮埃尔的担忧是不无道理的。战后的杜邦已经庞大到几乎挪不动身子，产品多元化发展成为这个巨人能够持续发展下去的关键。

随着杜邦建立和兼并的产品线增多，中央总部需要协调的事情也越来越多。各个职能部门已经感受到愈来愈严重的管理压力，而且新的产品线全面亏损，尽管某些产品在市场上的份额很大，但规模发展仍未带来成本优势。

1919 年公司发现问题的实质不在销售，而是组织结构。在多元化的背景下，现有组织结构很难实现生产和销售的沟通和协调。现有的职能部门结构，可以很好地垂直管理它所管辖的那部分业务，但是没有哪个职能部门能

够全面的以利润为导向。

1921 年新的组织结构终于开始实施，执行委员会变成了专业的参谋机构，总部的高级经理们组成了新的执行委员会，从整体考虑，对未来发展提出专业性的意见。事业部的总经理除了没有独立法人资格外，基本上就相当于一个企业的总经理，事业部下面设置职能部门。

这个新的组织结构被历史证明是成功的，很快杜邦就扭亏为盈，并安全度过了 20 世纪 30 年代的大萧条时期。

杜邦公司再次证明企业核心竞争力不是来自于原材料、设备和厂房，而是经过多年历练的各种团队以及企业组织本身。同时，它也站在一个企业的角度，给了我们一个详细的案例，向我们展现了企业组织变革的另外一个方面。通过对杜邦案例的分析，我们可以看到，这种核心竞争力将会随着时间而调整，不存在一种万能的组织结构能够满足所有类型的企业或者各种环境条件，就一个单独的企业来分析，组织年龄、企业规模和产业市场都会对这种调整产生不同的影响。

组织年龄是组织存在的时间。不论是杜邦，或是其他长寿的公司都在证明，任何组织模型都不会在一个长的生命周期里一成不变，管理问题和管理原则也都会随着企业年龄的变化而改变。例如，中央集权制在一个时期可能符合公司的实际发展需要，而随着时间的推移，可能变得不合时宜，企业需要更多的分权下放。长时间的僵化在同一种组织结构下，必然会对企业造成不良影响。同时，一个企业存在的时间越长，雇员的行为就变得越难以改变，企业的运营模式也越加僵化，企业组织变革的阻力和需要都会变大。

其次，组织的规模是影响组织变化的另一个重要因素。一个公司的组织架构类似于企业的骨架，企业组织的存在降低了企业内部的沟通成本，使得内部成本低于外部成本，进而使得企业作为一个整体相对于外部市场存在核心竞争力。对企业而言，在这个框架下，信息传递的方法会随着雇员人数和销售额的增长而发生显著的变化，每次的规模扩大都会改变企业内部沟通的形态，并进而对原有的沟通效率产生影响。规模会放大不同部门之间管理协调与交流的问题，随后组织结构需要被调整，增加管理层级，产生新的职能，使工作之间的关联性得到加强。为了保持高效的沟通，使其与规模扩大相配合，就需要对结构进行有效的调整，来保证企业的竞争力。正如同科斯定理所言：

> “由于简化了要素之间的签约过程和数量，以节约交易成本的优势取代了部分市场，这部分被避免的社会费用可以解释企业形成的理由。”

事实上，如果企业保持恒定的组织规模，那么可以在相当长的一段时间内（甚至于可以说一个时代内），保留许多稳定的管理模式和实践经验。然而，如果企业希望能不断地扩大规模，那就意味着其组织结构也必须不断的改变。

最后，组织变化的影响因素还包括产业的成长速度，或者可以称为是市场影响。普遍意义上来说，市场的变化通常会带来企业规模的变化，并进一步影响到企业组织。例如，杜邦公司在亨利将军的领导时期，处于急速扩大的市场中，必须快速的增加雇员。因此迫切需要新的组织结构，以容纳大幅度增加的雇员。然而，市场影响的另一方面体现在对企业组织模式变革时间长度的影响上。在迅速成长的行业中，企业规模的扩展速度极快，因此组织改变的频率高，演变时期较短。而在成熟或成长速度缓慢的行业中，演变的时期将会很长。

当然，即使是在产业的快速成长期，如果利润来得容易，则演变时间也可以延长，变革能够被推迟。例如，杜邦公司在战争期间，虽然组织结构未能改变，但从其营业损益表上看，仍然是良好的。因此，尽管规模扩张，但在这段时间内，企业仍可以不改变管理实践。然而，变革时期终究会发生——那就是当利润开始消失时，企业会更快意识到存在的问题，并尝试着手解决。如果企业在变革时，面对的是恶劣的市场环境，那么变革会变得更加剧烈，而且更加棘手，如果不善加处理则很可能会导致企业灭亡。

变革不是自动的，所有的变革必然会造成震动。这种震动会因公司的年龄长短、组织大小以及市场的情况而存在不同。每次变革，企业必须清晰地分析不同时期的不同特点，以期待能够了解变革合适的时间点，以及对可能出现的成本有着基本的判断。

企业必须时刻准备顺应潮流而改变其组织形式，因为每一次的变革都是企业的一次生存竞赛。

为了前进，企业必须具有高度的警觉，上层管理部门的任务就是明确判断企业处于何种阶段——距离上次变革已有多长时间，组织规模是否已经发生了变化，产业处于何种状态，并最终察觉企业是否已经到了变革的时期。否则，当变革的时机已经到来时，企业则可能错失良机，或者没有做好打乱目前结构的准备，从而引发新的问题。变革的准备同时还需要企业内部有一位能够领导变革的管理者推动企业的改变，他需要能够像通用的斯隆和IBM的郭士纳一样，不仅能够在变革发展到无法控制之前，准备好解决方案和应对战略，同时还能团结企业内部的大多数人，使他们能够以发展的观点去思考问题和采取行动，最终使得他们能够更容易地接受变化。

导读

这是一个最坏的时代，这也是一个最好的时代。我们，正站在时代转折的路口，静静地观察着一次新的工业革命的产生。互联网正在成为这个时代最大的变量，它早已从单纯的技术范畴走向社会和文化范畴，在“美眉、楼主、人艰不拆、且行且珍惜”等富有时代特色的网络语言层出不穷时，以“快、极致、免费、客户体验”为主要特征的互联网思维正在席卷着各个传统行业，互联网正以更大的范围、更强的姿态在改变着整个社会的生产和我们的生活。

本章延续前面分析的视角，试图从组织的角度看互联网对这个时代的影响。“百米跨栏”的新时代说明企业核心能力已经不再是如何拔高每一块木板，而是如何跟上节奏，能够以更快的速度进行迭代，实现超越；自由、个性已成为新新人类的标签，粉丝经济、理想主义正是这种人类自我意识的爆发；“镶嵌”正成为人与人之间关系的新定义，从紧密的金字塔关系到各自独立的弱连带关系，让组织有了更大的自由和平等性……

第 **3** 章

锐不可当的时代

“当这个时代来临的时候，锐不可当。万物肆意生长，尘埃与曙光升腾，江河汇聚成川，无名山丘崛起为峰，天地一时，无比开阔。”

——吴晓波《激荡三十年》

3.1 "百米跨栏"的互联网时代

1809 年，英国科学院科学家汉弗莱·戴维爵士第一次在世界上使用了电器——他用 2000 节电池和两根炭棒制成世界上第一盏灯。汉弗莱·戴维爵士的发明以及对电的使用，让人类迎来了一个新的时代。随后，通过对电的充分利用，人类的发明与创造越来越多，并最终改变了整体的生活状态与习惯。

时至今日，这样的变化也正发生在我们身边。互联网的诞生就像宇宙大爆炸一样，正迅速地改变着世界。人类的生活已经分为两种——互联网前的一种和互联网后的一种：当我们和那些 20 世纪 50 年代出生的人讨论互联网的时候，他们会惊讶地说："30 年前谁能想到今天已经是互联网的天下？那时候我们刚刚买到第一台电视机，虽然它还是黑白的，但这已经是非常了不起的事情了。"然而，如果我们问一个 00 后出生的年轻人，没有互联网世界将会如何？他们则会像看待古人类一样打量我们，因为对他们来讲，互联网已经如同空气和水一样，是人类身边不可或缺的一部分。没有互联网、手机与智能设备的时代，就像在电器时代没有电一样，从来没有发生过，也难以想象。

两代人，两种观念，两种生活，预示着身边的一切都在发生巨变。新的时代正在到来，而我们有幸见证这一历史时刻——在短短的 30 年时间里，我们看到了互联网带来的数不胜数的技术进步和业务创新，我们感受到了身边的生活、文化、思想乃至于整个社会都正在发生本质的变化。站在时代的转折点，所有的事物淘汰的速度就像电光火石般，而互联网的诞生就是这个时代的分界线。

"快"是互联网一直追逐的目标。而正是网络的快，带来了整个社会节奏的改变。

这种快速的第一层次体现在网络本身对信息的传输与共享的速度上。互联网能够实现较短的时间让人获得大量的知识，因此互联网通过不断的技术创新使得自己变得更加快速和便捷：带宽由起初的 14.4Kbps 发展到目前的 100Mbps，甚至 1Gbps；接入方式也由过去单一的电话拨号方式，发展成现在多样的有线和无线接入方式；接入终端开始朝向移动设备发展，并且更新更快的接入技术仍在继续被研究和开发。

互联网的快速不仅表现在接入速度的快速提升，同时也表现在网络用户的发展上。最早的互联网用户仅仅是军方与教育机构，直到 1988 年，整个网络才第一次正式向公众开放。从那时起，互联网开始向商业机构扩散——仅三年时间，1991 年互联网的商用企业数量就超过了曾经占有统治地位的教育机构，互联网成功地完成了用户规模的快速扩张。接下来，随着商业化的开展，互联网的全球化运动更是日新月异。20 世纪 90 年代中期，互联网已经覆盖了包括中国在内的 170 多个国家，连接的网络 7 万多个，主机达 500 万台，终端用户近 1 亿，并且以每年 15%～20%的速度增长。时至今日，全球网民已达 30 亿，预计 2016 年网民总数将超过 50 亿，经济规模超过 4.2 万亿美元。

随着网速与用户的增长，互联网行业本身也在不断地快速演变，既表现为业务的不断推陈出新，也有用户的快速增长和消失。阿里巴巴集团的马云曾经对这个时代做出这样的一个评价——“看不见，看不懂，看不起，来不及”。作为这个时代的引领者之一，他也时常担心会跟不上时代的变化，将会来不及或会被后来者所超越。其实，在这个时代，不断的超越前者、超越自己是这个时代每个企业的使命和命运。

中国互联网飞速发展的 20 年

1995 年深秋的一天，北京白颐路口竖起了一面硕大的牌子，上面写着：“中国人离信息高速公路还有多远？向北一千五百米”，如图 3.1 所示。这个时候，中国电信的 ChinaNet 骨干网络尚未落成，信息高速公路与互联网对于普通民众而言还是陌生的未知，这块大广告牌，打开了中国人对早期互联网认识的大门，而竖起这幅广告牌的瀛海威公司也成为了中国互联网历史上的一块永远不会被人遗忘的纪念碑。

图 3.1　瀛海威公司竖立的广告牌

从这一年起，网络开始迅速地改变一切。

1996 年，一个美国老头和他的一本书在中国初生的互联网界被炒得火热，他就是尼古拉斯·尼葛洛庞蒂。1996 年 7 月，《时代》周刊将他列为当代最重要的未来学家之一，而他写的《数字化生存》被大家称为互联网圣经，书中预言了数字化时代，预言了互联网给人类带来的种种变革，比如现在早已普及的触摸屏技术。

1997 年，中国电信 ChinaNet 建立。同年，网易、四通立方（新浪）、搜狐相继成立，互联网开始进入了三大门户时代。2000 年，互联网的第一次泡沫破裂让之前所发生的那些风起云涌的故事陡然间成了泡影。"剩者为王"，拼尽一切，熬过寒冬的互联网企业，在 21 世纪开始走进了一个全新的时代。

天使投资、风险投资、私募基金等变得更加火热，在各路资本推动下，中国那些雄心勃勃的企业又一次展开了前仆后继的互联网征程——综合性门户网站兴起然后衰弱，新闻类门户网站的兴起、视频网站的兴起、旅游网站的兴起、团购网站的兴起……曾经一度发展成为"全民运动"的偷菜、抢车位等游戏，随着 2013 年 8 月曾让上亿人痴迷的人人网的"开心农场"游戏正式宣布关闭，也又一次完全的淡出了我们的视线。一片喧嚣之后，无数叱咤一时的网站、应用，最终归于沉寂，而少数经历过泡沫幸存下来的互联网公司则成为行业的常青树。

尽管百度、阿里巴巴、腾讯形成的中国互联网行业第一梯队阵营似乎成为了后来者难以逾越的高峰，但第二梯队的战国七雄也在移动互联网出现后逐渐地登上了舞台。

快速演变的互联网不仅仅只是颠覆技术、扩张地域，而是逐渐将这种快速向全人类的物质生活和文化生活上扩展，带来了所有行业的快速创新。当中国第一夫人走下悬梯，向外国人展现新一代中国人的风采时，万里之外的中国，第一夫人的衣服、配饰和围巾，等等，已经成为淘宝的爆款，商家已经能够做到 24 小时内发货。当我们还在为刚刚看到的科幻电影中各种虚拟现实和可穿戴式设备惊叹不已的时候，同样的头盔和多种多样的可穿戴设备已经通过电子商务来到了我们身边。在这个新的时代，一切都不再神秘，一切皆有可能。网络不再是简单的提高信息传输速率，而是带来了从技术到商业到文明的全面改变。

正如搜狐总裁张朝阳所说的那样："互联网将全面接管人们的生活"，就如百米跨栏的比赛，所有的物品、事情、习惯都在快速地被替代与颠覆，瞬息万变，各行各业都在加紧创新的步伐，传统行业也再次涌现了新的生命力。

随着微博、微信、手机支付宝的相继问世，移动互联网时代的各种智能手机的 APP 应用，正在以迅雷不及掩耳之势，深入接管中国八亿移动互联网用户的生活和钱包。随着移动互联网时代的来临，智能手机代替了曾经的电脑，成为接入互联网的一个新的、数量更为庞大的群体。通过人人手上拥有的智能手机，在全新的世纪，这个世界的变化将会超过传统互联网时代，变得越来越快。

网络向传统世界的扩散与发展，改变了整个世界。摩尔定律就如同传统行业的魔咒，每一个行业都无法再躲在自己的小圈子里，所有的行业、所有的人都被快速地冲上信息高速公路。这种变革来势凶猛，各种各样的商业模式和各种各样的服务在不断地产生和消亡。在这一次的变革中，各个行业都在面临着外部、内部的彻底改变。传说中的黑天鹅突然成群结队、连绵不绝地出现在我们的头顶，起初我们会惊讶，但最终这也变成了这个时代最美的一道风景。

互联网的快不仅加速着自身行业的快速变化，更在不断推动整个社会生产、生活的节奏由慢到快。这种快节奏的变化对身处其中的企业带来了两个巨大的挑战。

一、传统慢节奏的组织运营方式已不在适应，如何跟上快速的变化

面对这场互联网带来的快，企业应该如何面对？或许我们可以从商业科技记者沃格尔斯坦在他的《移动风暴——苹果与谷歌的科技之战》一书的描述中来了解互联网时代的企业是如何应对的：

> "第一代 iPhone 在乔布斯做演示时：（1）所谓的信号满格是硬代码写出来的；（2）基本上乔布斯展示一个功能就要换一部手机，因为 iPhone 使用一个功能后就有可能会死机。在随后的正式 iPhone 售卖时，这个产品的毛病很多，可以这么说，苹果手机一直到 iPhone 3GS 才算真正完善，成为一部各方面都很优秀的手机了。"

互联网在诞生之初并不完美。然而，与互联网本身的诞生一样，苹果手机的诞生也不是以完美为标准的。在互联网的新时代，率先翻过旧事物栅栏的人便是强者，只有率先推出独一无二的产品才会受到欢迎。

在传统时代，"慢"公司被人们所推崇，人人都在精雕细琢，拿出一个不甚完美的产品简直不可想象。"木桶理论"的盛行正是这种"慢"的证明——一个木桶能装多少水，是由它最短的一块木板决定的，而木桶理论认为，一个公司的短板决定了公司的成就高低。于是，企业都在耐心地对每个部分细细打磨，追求能够推出一个完美的木桶。因为只要有一点做得不好，可能整个木桶就因此失败，功亏一篑。

慢的理论适合已经充分竞争的传统行业。整体的完美需要时间，而在这个时代的转折点，一切都在快速生长，肆无忌惮——Google 并不要求每个人都推出完美的产品，而是要求员工每个季度必须推出 10 个创新的产品，

“尽早投放、经常投放、尽快投放”是他们的口号。在互联网的推动下，想要在互联网时代开拓一片天地，已经不能再像缓慢的传统时代那样面面俱到。事实上，在这个新时代的转折点，周围不断爆炸的信息量，使得这个时代的注意力变成了碎片化。调查显示，智能机用户平均每 6 分钟看一次手机，一天要看约 150 次，假期也不例外，“打飞机”、“找你妹”、“爱消除”等大量的应用和游戏将用户的时间分成若干关注的碎片。没有人会长篇大论地讨论一个产品的每一个细节，也没有人有时间去看清每一个细节。每个产品只有短短的一瞬间去获取用户眼球，因此只有最快喊出自己的个性，展现出自己的新意，才会被人注意、被人提及、被广为传播，并最终获得胜利。而传统的慢公司，那些仍然笃信着过去信条的传统公司，则早已经或者正在倒在互联网时代的脚下。

追求完美的日本家电企业为何全线溃败？

日本家电企业曾有过辉煌的历史，创造过多项世界第一，松下、索尼、夏普、日立成为人们耳熟能详的品牌。然而，曾经不可一世的“家电王国”今天却面临极大的困境，家电企业全线亏损。松下 2012 财年亏损额高达 7650 亿日元，夏普 2012 年仅上半年的亏损就创下 3875 亿日元的历史纪录。据统计，日本三大家电企业 2012 年全年亏损接近 1.7 万亿日元。为此，国际评级机构已将松下和夏普的信用等级降为垃圾级。

日本家电企业的败落并非起于今日。自 2005 年起，日本家电和电子产品的销售就逐年疲软，显露出后劲严重不足的趋向。电视机是家电和电子产品的代表，尽管松下、索尼和夏普纷纷投入巨资研发新产品，但仍被韩国的三星、LG 赶超过去。到 2012 年，韩国两大企业的产品占全球电视机市场份额的 34%，而日本六大企业的份额仅占 31%。在竞争日趋激烈的电子通信市场上，日本企业也远远不及苹果和三星，其市场占有率连年下降。2007 年，日本家电和电子产品年出口额为 17 万亿日元，2012 年降至 11 万亿日元。日本家电和电子行业已经被日本业内人士称为“长期萧条的夕阳产业”。

这种全线的衰退，使得日本全国上下不得不深刻反思家电业衰败的原因。有人将责任推到其他亚洲企业的崛起上，但更多的专家则是看到了日本企业与时代的不匹配。事实上，日本企业拥有极为先进的家电制造技术，而且创新能力很强，如索尼的科研投资和技术力量都是世界一流的。但是，日本企业历来笃信“好酒不怕巷子深”，固守“只要产品好，不愁卖不出”的观念，将大量时间投入在建立完美的产品上，而不愿意跟随市场动向和消费需求快速变化。相反，韩国企业更加关注用户的消费群体需求，秉承“并非最好的，但是最适合你的”观念，快速推出多款具有销量的产品，很快替代日本企业，占领了新时代的市场。

在这个时代的转折点，百花齐放、瞬息万变，留给每个人，每个企业的时间都是有限的。跟上时代的步伐，灵活应对是不被时代甩在身后的唯一选择。因此，新时代的新企业早已明白企业的核心能力不再是如何拔高每一块木板，如何做出完美的产品，而是如何跟上节奏，如何以最快的速度判断出可以跨越的那个点，且尽快调动一切可以调动的资源在这个点上进行快速迭代，实现超越。

快就是竖起一块高高的木板，在别人追赶你这块木板的同时，接着竖起第二块，第三块。要打破一下子产生完美产品的想法，产品是在运营中不断迭代和完善的，因为在新的时代，“唯快不破”。

二、互联网的“快”和“去中心化”促使在产业链上客户从被动到主动

在工业化时代，个性是被磨灭的。权力顶层的资源汇集中心在调配着世界运转，他们根据自身的设计和认知在生产和供应着整个社会，我们消费者只能被动接受。因为只有这样社会资源才会被最高效的整合。

然而，互联网的出现，特别是智能手机彻底打破了“中心”，让世界变得扁平，并且成为我们开关新世界的遥控器。在一切极大丰富，又极度扁平的世界里，我们什么都不缺了，于是我们要得更多。你可以按照你喜欢的方式去生活；你可以自由拥有个性，再由互联网将它聚沙成塔。可以大胆想象未来，所有的产品都是按你的需求定制的，你可以自由组合每一个生活细节，每个人的世界都是由“我”来创造。在产业链中，企业不再具有绝对主导权，生产什么、何时生产、如何服务不再是单向的、灌输式的，消费者逐

渐拥有了话语权，企业组织需要更加贴近客户、聆听客户，加强与客户的沟通去共同打造他的世界。

互联网对社会的改变已经从对象、生产工具到了行为主体，只有主动去理解“他们”的世界，企业才有可能保持活力与他们一起成长。那“他们”的世界是怎样的呢?

3.2　个性的世界，“我”的时代

互联网推土机式的挺进让改变已经在咫尺之间。面对社会全方位的变化，人类自身也在随着时代而不断变化。事实上，人类的大脑在几千年的进化过程中改变并不大。在过去的几千年中，需要我们适应的东西并不多：自然只有春夏秋冬四个季节，社会的变化也是缓慢进行的。可是互联网的快速发展，改变了我们的认知习惯，千百年传递的经验已经不再适用。这种前所未有的失重感将会伴随着互联网的进一步发展而日益突出，传统一代所依赖的、稳定的理念基石正在被动摇。

在这种变化中，相对于互联网的前一代，新一代人诞生了三个重要的新特征——自由、个性化与理想主义。

自由是什么？电影《肖申克的救赎》中曾有过这样一个场景：“主人公安迪爬出监狱下水道和排泄管，穿过足足有五个足球场的距离，脱去衣衫，伸出双臂，拥抱风雨……他终于迎来了自由。” 就如同肖申克爬出监狱一般，新时代的人们也感受到了互联网的自由气息——和任何一个 25 岁以下的人在谈到对自己较为重要的事情时，自由都会出现。“自由”是新时代男女对自己的定义。互联网时代下的人比以往所有的人类更明显地感受到自由基因的影响，他们的思考以及文化已经深深地打上了自由烙印。

事实上，这种自由思潮诞生与互联网密不可分。经过大工业化生产洗礼过的人们，用户群体通常表现出高度的同一性——人们的思考并不是自由的。这种高度的同一性来源于其生产、生活环境在工业生产时代，决策权通常只掌握在行业内的一部分大型企业或者严密的金字塔结构的上层手中，对于这些具有控制权的企业，他们更加希望群体的行动可以预测与判断，这个时代人类的群体行为基本上都是在一种较为固定的条件中被组织起来的。群体的整体生活环境中，可选的内容较为单一，群体从少年时期起就表现出较为稳定的行为方式，随着他们的成长，最终会形成相对保守、不愿自我表现的个性特征。因此，传统时代群体的表现是极具秩序性和规律性的。在互联网时代以前，具有破坏这种稳定行为方式的个体极为少见。

然而，随着互联网的拓展，世界的一切都在快速变化。随着互联网的普及，以及用户渠道快速、丰富的拓展，新时代的人们能够接触到来自全球的各种文化、各种商品，消费的选择变得更加丰富。通过这种自由的选择权，新时代的人们第一次感受到了自由的影响。

伴随着自由选择权，其他一系列的改变也开始发生——人类的个性开始萌发。在互联网时代，人们不再千篇一律，而是逐渐形成了自己的喜好，人人都是独一无二的个体。以往那些束缚的标签已经渐渐消解，他们的记忆中已经没有了遵从的影子，新时代的人类变得更加具有独立的个性。美剧"老友记"的第一集中曾有过这样一幕：富家女瑞秋逃婚以后，给父亲打了一个电话，电话里说道："这辈子我都被人说你是一只鞋子，一只鞋子，但突然有一天自己不想做鞋子，想做一个钱包，或者一顶帽子"。

对于互联网产生前的一代人，他们没有太多的选择，摆在他们面前的只能是成为一只鞋子。而在互联网诞生后的一代人却从来没有这样的想法，他们是互联网的原住民，没有传统的束缚，没有经历过度的"教化"，充满个性。

新时代的人类不用为衣食住行操心，他们怀着强烈的自我意识与自我实现的想法去闯荡这个新的世界。创业成本的降低和成功途径的丰富，让用梦想改变世界不再是精英们的游戏，只要有梦想和一颗踏实勇敢的心，人人可以创业。

自由让新一代的个性恣意成长，他们有着丰富多彩的性格，多种多样的喜好。他们更有基础去宣扬自己的个性，去追求自己喜欢的事情。粉丝经济就是这个个性化时代的典型产物，是这个时代的人们宣扬自己个性的一种符号象征。从社会学角度来看，“粉丝”本身只是一种特殊的社会群体，它具备社会群体的一般特征：

- 有明确的成员关系
- 有持续的相互交往
- 有一致的群体意识和规范
- 有一定的分工协作
- 有一致行动的能力

他们会根据自己的喜好决定自己的偶像——喜欢苹果的“果粉”通常认同的是苹果所代表同一个阶层的信念：追求完美的体验；小米的“米粉”则是经济与性能之间的平衡与优化；罗永浩老师的“罗粉”则是理想主义的坚持。粉丝们在偶像的身上，找到了他们自己的理想特质和个性认同感，通过宣扬自己的偶像去宣扬自己——是的，新时代的人们相比过去，更热爱表达。社交媒体让每个人都拥有了自己的“通信社”，丰富的渠道使得表达变得空前容易。在网络上新新人类敢于表达自己对偶像的喜爱，并愿意通过这种表达来吸引更多具有同样特质的人。加入粉丝的阵营正是因为新时代的个性化与表达的泛在化。粉丝经济使得某一类产品与人物，能够短时间聚集大量的粉丝，企业或个人都能够通过满足粉丝与该产品之间的隐形联系而迅速获得收益。

《小时代3》PK《后会无期》这样玩好粉丝经济——新浪新闻

郭敬明有3300多万粉丝，韩寒有3800多万粉丝，《小时代》官方微博粉丝56万，《后会无期》官方微博粉丝18万，就连片中一只狗狗的微博粉丝都超过了22万。郭敬明和韩寒在“人格魅力体”当道的传播语境下，一个扎根粉丝，接近地气；一个坚持自我，不随大流。

《小时代3》一路借话题和争议突围。郭敬明试图将《小时代3》打造成一部偶像级电影。在“炫富”“拜金”的口水中，通过持续的话题赢得了极高的关注度。仅仅一周就接近4亿的票房成绩也证明了话题带来的影响力。ABD爱梦娱乐大数据总裁雷鸣认为，郭敬明粉丝的刷票能力相当大程度上是因为前两部在过去一年里所遭的非议。对于粉丝而言，自己与偶像、偶像作品这三者是一个生命共同体，越是被弹压，越是要证明给那些批评的人看，于是就出现了报复性的创纪录票房。

不同的是，韩寒从电影内容到宣传方式上都将话语权牢牢掌握在自己手中。韩寒的个人微博上，一直主打"卖萌"和"自黑"，和粉丝频繁互动。从微博的表达上韩寒更加随性和自我。"我来这里是拍电影的，不是来拍马屁的。"韩寒在接受《人物》杂志专访时毫不怀疑自己能够再一次赢得受众。"我觉得正好是我自己的不顾市场的一种表达，恰恰赢得了一部分受众的喜欢，它可以让我更加不顾市场的表达。因为我有我自己的基础审美，我相信在我基础审美下做出来的东西不会不好看，只是说它没有当今想象之下的那些商业元素的存在。"

如同我们曾经描述的魅力型权力结构一样：尽管粉丝集聚的时间短、盈利的速度较之传统企业要快得多，但伴随着粉丝的快速积聚，粉丝的分散速度也是在瞬间发生的——粉丝经济依靠的是对于个人的崇拜和个性的认同。在这个时代，一切都在快速变化，能够坚持住个人理念的人并不多。一旦偶像有任何的负面新闻曝光，很可能一切都成也粉丝，败也粉丝。在过剩的经济条件下，可以代替的产品众多，偶像一旦做出任何不符合自己个性需求的举动，人们就会飞快地寻找其他新的事物，而旧的事物也会被这个时代的用户无情地抛弃。

随着粉丝经济的盛行，理想主义开始流行。在不断变化的潮流中，坚持自己的理想与个性是符合大多数人的思考。每个人都在见证自己偶像的诞生——他们从普普通通的少年、青年、中年，成为万众瞩目的偶像。乱世出英雄，每个人在这个时代都坚信偶像的成功历史同样也会发生在自己身上，他们对于偶像的选择也是他们自己对理想选择的生活映射。新时代的人们更在乎工作是否符合自己的理想，更喜欢创业，他们钦佩能够坚持理想的人。于是理想主义的光芒，逐步进入文化生产和产品制造领域。展现自己的创意、更多地影响他人已经成为新时代年轻人的共同特点。

在新的时代，从人们的身上能更加清晰地感受到人类自我意识的爆发，他们个人决策自由，他们的行动与表达将不受到时间、空间的限制，他们是充满自由、个性与理想主义光芒的新时代的产物。面对着这样的人群，企业也在发生着改变：对外，企业更多的关注客户的个性化需求，3D 打印、定制化产品应运而生。

3D 打印的耳机

如果想拥有一副定制耳机，你需要订购一套普通的耳机；然后在 Normal 的 iOS 或 Android 应用中按要求拍摄一系列照片，也就是说把你的头转向一侧，让摄像头获得你耳朵的清晰画面；最后，可以选择喜欢的颜色并对其进行自定义，如图 3.2 所示。一旦下单，这副“私人定制”的耳机将在预订后几周内送到你手上。这套个性化的产品服务售价 199 美元，包含耳机、消费税和邮费。目前这项服务暂时还没有网页版，并且只支持美国地区。

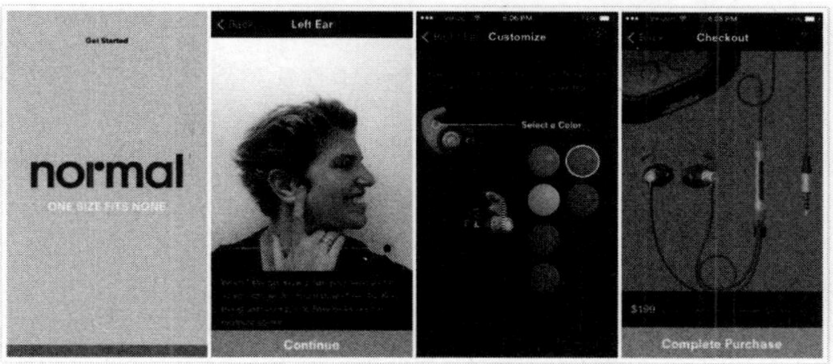

图 3.2　定制耳机

对内，则是重视员工的个性化培养，作为个体的员工也是具有个性和独特性的，只有尊重并发扬个体，才能构建一个富有活力而强大的整体，包容员工的差异化，并合理地利用其特点，将生产发挥到更高层次。

Google 正是尊重员工个性的杰出案例。在 Google，每个工程师都拥有 20%的自由时间，用来做自己喜欢的项目，而不用完全听从公司的调遣。每个员工都会在正式上班前得到一笔资金，来随意装扮自己的办公区域，桌上足球、台球桌、排球场、各式各样的视频游戏、钢琴、乒乓球桌等是办公区的常见设备，如图 3.3 所示。此外，所有员工都可以自发地形成各种组织，比如冥想班、电影俱乐部，以及莎莎舞俱乐部等；公司设有各种风味的餐厅，各楼层的茶水间摆放了各种零食和饮料。而 Google 本身的快速发展也正暗示着，给予员工自由，事实上能够创造更高的生产效益。

图 3.3 Google 工作区

3.3 镶嵌效应——新时代的平等与开放的关系体系

互联网影响了我们的生活方式和思维方式，新的时代，人类的个体变得更加自由，更加个性化。而组织正在变得更加平等与开放，去包容这些自由与个性化的新新人类。

平等与开放的组织关系，首先是在互联网技术架构上开始进行第一步演变的。在传统时代，无论是工业革命的机器化大生产还是更早之前的农耕社会，过去几十年甚至几百年的传统经济学、管理学和各种与产业相关的内容中，组织都具有很强的秩序性。

信息时代带来了很多创新，但这种创新是单节点的，并没有改变组织的架构——即便是这种创新本身，也受到了传统时代的影响，充满了层次感与秩序性。电脑对信息的组织，也仿造工业时代的设计：目录套目录。所有的文件，都必须有一个目录从属，所有的目录，都必须有父目录从属，直至根目录——就如同工业时代般，有秩序的金字塔结构。而且，文件和目录一一对应，不会出现一个文件/目录从属于多个不同的同级目录这种事。我们实际面对的产业基本上还是工业经济的延伸，内在的规律和精神是相通的，充满了秩序性、参照性。

这种千年来的秩序性影响深远，甚至使得互联网也不能例外。最初阶段的互联网也继承了工业革命的思想，20 世纪 60 年代广泛使用的网络都是中央控制式的。然而，这种中央控制的网络存在一个问题：如果中央控制系统受到攻击，那么整个网络就会瘫痪。

为了解决这一难题，美国的保罗·巴兰提出了一种全新的网络理论——无序的网状结构。在这种方式下，网络呈节点式分布，不再具有完全的中心。通信不再是由中央控制，直接将数据传送到目的地，而是在网络的不同站点间像接力赛一样的传送。在网络上，每个节点都是平等的，没有任何一个节点具有更高的地位，同时失去任何一个节点都不会造成网络的瘫痪与能力的消失。

这种组织结构的平等性，伴随着网络的发展，开始不断地向外扩张。首先是互联网上的产品开始呈现无序化。在早期的搜索中，工业革命的秩序性依然具有影响——用户看到的仍然是一个目录树。虽然一个网站可以从属于不同的目录，但目录树结构依然存在，所有能找到的网站被分门别类地放在相应目录下。后来目录式的互联网，又演化成为了门户。直到今天，你依然可以看到门户网站的信息组织结构，都是一个以频道套栏目为主线的目录树，所有的信息，都在目录树之上。

随着通信技术的发展，网络扩展到全球，全世界可以短时间内互联起来，每个节点都可以通过网络共享信息——信息开始了大爆炸，人类拥有的知识正变得越来越大。在这海量的信息中已经不存在传统的高低贵贱之分，每个信息对于不同的人都有不同级别的重要性，每个信息的价值都是平等的。因此，为了更快地找到自己所需的东西，传统目录的限制被打破，信息与信息之间的组织结构开始打散——这些信息之间没有主次之分，关键字成为直达全世界信息的标志信号，而数据库也从结构型转向非结构型。网络的非秩序性与平等性正在从技术本身，向产品转变，并开始影响到人类的习惯以及组织结构的转变。

现在，人们已经习惯了互联网产品的扁平化设计——核心功能被放在第一屏，而不是按照秩序分门别类，其他内容可以通过搜索去呈现。人们购买商品不再像逛商场那样，每一层都如同金字塔一般，分门别类地归纳在一起。购物拥有了直达的网络，只需输入关键字即可，而不再需要一层一层的查找——这种网状的查找方式加快了处理的速度，网状结构开始盛行。

与此同时，人与人的关系，生活中的各种组织方式也正在网状化。在社交网络上，每个人都如同网络的一个节点，生而平等，每个人的发言都有相同的重要性，口碑效应开始展现。过去传统一对多的媒体广告开始不再被接受，用户更加关注的是从网络中获得的用户点评。单一渠道带来的溢出价值逐渐消失，在参考其他人对同一产品评价的同时，用户使用后也会自发的对该产品进行评价，口碑在网状链条中快速传播，最终成为了决策的重要参考。

这种改变正在从陌生人之间的网络，一步步开始深入地影响现实中人与人之间的关系。在家庭、企业内部，人们的联系也逐渐偏离了传统社会的特定秩序和方式，千百年来工业时代所建立的金字塔规则正在面临彻底的打乱。在网络上，父母已经不再是传统的权威领导，各种新兴的沟通方式拉近了我们的直线距离，但减弱了我们在传统生活中的秩序性——在网络上，父子、母女之间更多的是如同朋友般的交流，现实社会中明显的家庭权力关系已经不再具有完整的决定权。

平等已经从技术走向了人与人组成的人人平等、网状分布的关系，这种关系在互联网时代快速的扩展，人和人之间已经不存在谁一定要依附谁，卷入度低，合则聚，不合则散。这种关系，美国学者格兰诺维特将之称为：镶嵌。

"镶嵌"一词原本来自于匈牙利的学者波兰尼的《大转型：我们时代的政治与经济起源》。然而，在格兰诺维特的论文中，镶嵌有了新的定义。社会并不是由孤立的个人组成的，而是由互相联系的个体组成的。在镶嵌的社会中，人和人之间的关系不是严格的金字塔关系，也不是各自独立的，而是一种弱连带关系，人可以随时嵌入另一个组织，组织也可以灵活地选择不同的人。

事实上，即使在传统社会，人类本身事实上也是网状发展的。个人的行为并不会完全依照严密的秩序，无论是制度还是道德，个人作为单独的节点，会有自己的思考，会自主的发生改变，不可能绝对服从组织命令。金字塔式的权威型关系和秩序，并不会一劳永逸地解决问题——机会主义行为不可避免地存在，他们会利用规章制度的漏洞，针对高层的政策，采取相应的对策。因此，人与组织形成了一种类似镶嵌的关系。

随着互联网的演进，每个人之间的关系更加平等——镶嵌效应更为明显。这种镶嵌的成立，进一步影响到企业与个人之间。生产活动参与者既不是像独立原子一样运行在社会脉络之外，也不会奴隶般地依附于他/她所属的社会类别赋予他/她的角色。人类对自由的向往是镶嵌的基础，他们是自由的、个性的，他们作为单独的个体存在，而他们个人的企图实际上是嵌入在真实的、正在运作的网状系统之中的。镶嵌的大规模成立，使得伴随着工业时代建立起来的那种金字塔般的结构正慢慢崩坍，权威关系正在弱化，组织内部变得更加平等——就如同网络中的一个个节点。这些节点之间互相联系，但不再互相依附，网络中没有任何一个节点不可代替，每个节点之间的任意组合度都变得更高。

在新时代，镶嵌关系具有极大的自由性——人与企业之间不再是家族式企业的强耦合，人们会为了快速实现目的而转换自己的位置，切换不同关系的远近。因此，企业与个人力量对比的天平也在向个人偏移。当一个位置不能满足个人的需求时，互联网时代的从业人员选择了快速更换到其他公司、其他环境。

拉勾网的《2014 中国互联网职场调查报告》中指出，触网最为深入的互联网行业，平均跳槽时间不到 18 个月，远远高于其他行业。人员的流动已经成为家常便饭。

而公司与个人的趋利性会逐步导致资源的配置最终会流向更具有优势的位置，具有优势资源、适应时代发展的企业将能够迅速崛起，聚集优势人才并保持优势。因此，在这个时代，人的重要性已经远远高于以往的任何一个时期。为了满足这个时代人才的需求，越是具有相对优势的企业，其组织内部越能体现人人平等和个人的价值。

平等、尊重——王准：《打造 Facebook》

Facebook 内部拥有一个相当开放、平等且透明的沟通机制。扎克伯格在公司内部推行"最大可能的透明"，他除了鼓励员工提任何类型的问题（包括让人尴尬的是否有女朋友之类的涉及私生活的问题）外，只要有兴趣，内部会议任何员工都可以参与。

在很多企业看来比较敏感的营收数据，在 Facebook 早期就对全公司开放。——不过，在开放的同时，Facebook 也极力强调保密。扎克伯格曾说："员工只有做到对外守口如瓶，我们才能做到对内知无不言"。

这种员工与企业关系的改变，使得企业内部各个节点之间，重要性的差异在降低。企业不再只关心部分领导者的权益，而开始更加关注每个员工个体本身，尊重员工的意见，听取来自个体的建议，平等的给予员工利益。

通过提供平等、开放的氛围，新时代的企业能够更容易吸收到适合于时代发展的人才，并更加重视个人的建议，而这进一步加强了个人在组织中的地位，并形成了企业更加平等的正向循环。

星巴克的员工 Partner 制度

星巴克的企业文化可以概括为"真诚、团结、追求卓越"。具体来说，真诚就是公司要求"Partner"之间真诚对待，相互尊重，每位"Partner"真诚对待你的客户，给他们最真诚的介绍和服务。此外，星巴克的工作处处需要团队合作，从迎接客户、收银，到呼叫传递、调制咖啡等一系列工作都是通过各个环节的伙伴相互合作完成。当然，企业文化中所提倡的争做第一，追求卓越的素质，是“Partner”和公司一起持续发展的关键。

星巴克还有独特的价值观：提供优良的工作环境并相互尊重；拥抱多元文化是我们企业经营的必然要素。公司认为，“Partner”绝不是一群提供劳力的工作者，而是创造令人愉悦的环境、以及提供高品质商品的伙伴。因为通过伙伴的努力，才使得星巴克成为世界上极受尊敬的品牌之一，成为卓越而永续经营的企业。

在美国，星巴克的员工都有股票期权和奖励计划，所以员工就是公司的股东“Partner”。但这种称谓，不仅仅是技术上的原因，而是企业文化的一种体现，意义已经延伸为我们都是一家人，大家都是伙伴。在星巴克，最重要的就是我们的“Partner”，然后才是顾客。对星巴克而言，每位“Partner”都是构成星巴克品牌的一分子，在消费者心目中都代表着星巴克。想想看，一大批在星巴克完善的营运训练体系中培养成长的，充满活力的为你煮咖啡、不厌其烦教你品尝咖啡的星巴克伙伴会给你留下什么样的印象？

这种平等，也正在从企业内部，逐步地走向企业外部——平等与开放正在改变组织的整体形态与关系：组织内部形成的网状扁平化结构，提高了每个节点的生产力；而对外，一个个企业之间，不再是相互独立、孤岛般的关系，而是紧密连接，互相合作。

企业将更加愿意接纳其他企业的优势能力，大公司与小公司之间，尽管不平等依然存在，但是天平的角度已经不再绝对地倒向其中一方。在新时代，科斯定理在新的组织结构中依然成立：组织存在的核心价值就是能够降低交易成本。相对于传统时代，由个人或小公司领导的创新比比皆是，而技术革新的速度已经远远超出了一家大型企业去跟随一种技术成为该技术的掌控者所需要投入的时间。同时，网络使得外部交易行为的沟通成本正在下降——对外的交易成本和对内的交易成本之间的差距在降低，甚至于对于某些大型组织而言，外部的成本比内部的成本更低。

因此，对于新时代的企业而言，大公司与小公司之间，对等的开放合作与联系变得更加频繁。对于企业并不擅长的部分，新时代的企业更加偏向选择以高效的方式，如利用互联网的平台和工具，与上下游的产业链进行开放合作，形成围绕在自己核心技术周围的产业链条。

特斯拉宣布开放其技术专利，以推动电动汽车行业发展

2014年6月12日之前，在特斯拉的帕洛奥拓总部大厅里有一面专利墙，但它不复存在了。秉持开源运动精神，为了电动汽车技术的进步，我们把它撤了。

当我启动我的第一家公司ZIP2的时候，我认为专利是个好东西，很努力地去获得它们。可能它们在很久以前的确是好东西，但如今，它们太多被用于扼杀进步和确保大公司地位，繁荣了法律行业，而不是真正的发明者。先前在特斯拉，我们很注重专利，以防大公司复制我们的技术，大规模制造，用其销售和市场营销的力量压倒特斯拉。不幸的是，现实与期望相反：电动汽车计划在各大厂家都小得如同不存在，远远占不到汽车平均总销量的1%。鉴于每年新车产量接近1亿，全球汽车保有量差不多有20亿，只靠特斯拉生产电动汽车去解决碳排放是不可能的。我们真正的竞争不是来自非特斯拉的电动车商生产的小细流，而是每天从传统汽车生产线上生产的巨大洪流。我们相信，特斯拉和其他电动汽车生产商，以及全世界，都将受益于一个共同的、快速发展的技术平台。

专利保护的确能打击竞争对手。但历史已经反复证明，技术领导力不是由专利，而是由公司吸引和激励的极具才华的工程师的能力所决定的。我们认为，用开源理念看待我们的专利，将加强而不是削弱特斯拉在这方面的立场。

——艾伦·马斯克

在新的时代，不少企业不再将自己的优势封闭在组织内部，传统条件下的企业核心优势——产品、专利，正在受到挑战，甚至成为新兴产业推广的壁垒。 因此，相对于传统企业的封闭，新兴企业通常选择积极向外推广，谋求合作。在竞争的压力下，传统企业也开始接受合作，吸收外部创新能力，最终，开放合作使得新老企业得以结合，形成围绕该技术的生态网。在这种开放合作的氛围中，高效的组织结构与优秀的资源结构成为企业关注的核心要点，高效合作成为这个时代企业组织关系的关键词。

3.4　生产力与需求的逆转正在来临

网络带来了人类的个性解放，带来了更加平等与开放的组织关系，而同时社会也正在改变——人类整体的生产力正因为网络的到来而快速提高，已经开始进入了一个生产力与需求逆转的新时代。

网络对生产力提高的影响甚至超过了计算机：计算机是一种自动化的工具，只能通过提高单节点的能力来提高生产力；与计算机不同，网络使得地球成为了一个整体，整体之下的各个部分都能够迅速有效地进行直接沟通，并因此提高效率。整个世界扁平化后，企业具有了对资源的快速整合能力，企业内外部资源、人员都在因为网络而全面的优化：

- 通过全球化的资讯，企业能够快速地寻找到优势资源，并且可以有计划地调整资源的整合方向，更加快速地实现全球资源的调配；
- 依靠快速迭代，企业学会了通过实地尝试，将内部资源的调整快速做到最优，并且依靠单点击破，企业兼并互补，将企业内部的优势资源用在企业最有优势的地方；
- 最后，通过网络化的人际关系以及弱化的层级，人员的分配与调整变得更加灵活，人员与企业都能实现迅速的调整。

这种生产力的提高是切实可见的。2014 年 8 月，麦肯锡全球研究院（MGI）发布了一份资讯报告——《中国的数字化转型：互联网对生产力与增长的影响》。报告详细地描述了互联网正在中国创造着极大的生产力，并说明了网络在国民经济中扮演着前所未有的重要作用。

研究报告显示："目前中国的网民规模已经达到6.32亿，中国已经形成了一个庞大而快速发展的互联网经济。随着中国迈向数字化新时代，预计2013年至2025年，互联网将占到中国经济年增长率中的0.3%～1.0%，而在这十几年中，互联网将有可能在中国GDP增长总量中贡献7%～22%。"

iGDP 指标是麦肯锡全球研究院为了衡量各个国家互联网经济规模而推出的新指标。2010年，中国的互联网经济只占GDP的3.3%，落后于大多数发达国家。而到了2013年，中国的iGDP指数升至4.4%，已经达到全球领先国家的水平，高于美国、法国、德国等发达国家。如图3.4所示。

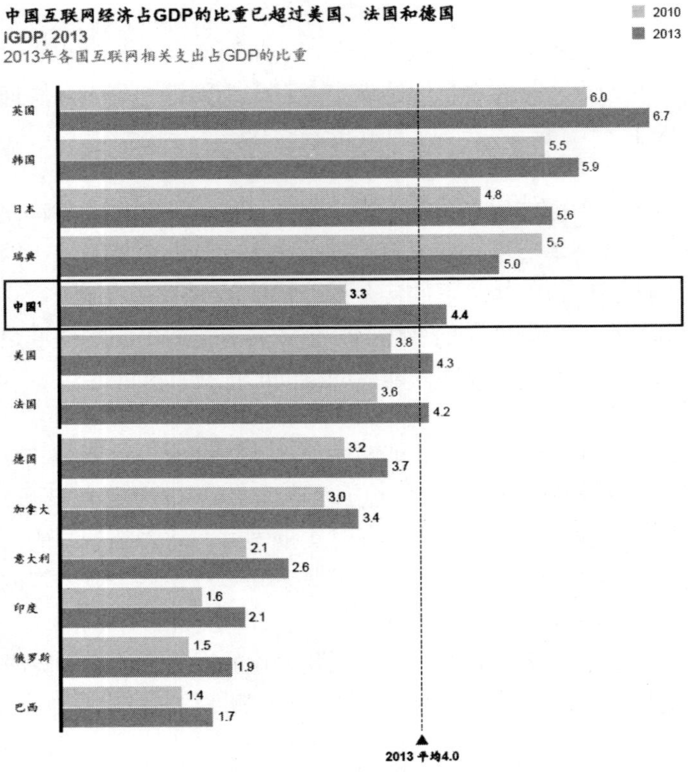

1 大多数国家的C2C（消费者对消费者）网络零售主要是个人在二级市场的交易，且可忽略不计。但在中国，它包含未进行公司注册的小微企业的销售额。如果C2C包括在内，中国iGDP比重将高达7%，高于任何一个G7国家

资料来源：麦肯锡全球研究院分析

图 3.4　iGDP 指数

在消费电子、汽车、化工、金融服务、房地产及医疗卫生等几个重要的

领域，互联网的发展正在产生着史无前例的影响。

麦肯锡：六个行业研究的主要结论

- 消费电子。互联网为消费电子类产品释放出巨大的创新动力，包括智能家电和网络电视等连接设备。数据存储、文件共享和其他用途的云服务将成为增长的主要来源之一。消费电子领域的电子商务每年的复合增长率达到 103%，而实体的复合增长率仅为 9% 。报告发现，互联网对行业的重大影响仍将继续，到 2025 年对行业总增长的贡献度预计可达 14%～38%。

- 汽车。领先的制造商已经使用实时数据来优化供应链的库存水平及运输线路，充分利用消费者在网上显示的购买决策信息，降低持续攀升的营销成本。物联网则为售后打开了新市场，如汽车的维修保养提醒和远程车况检测等。借助互联网，中国二手车市场也拥有巨大的增长潜力。到 2025 年，互联网技术对汽车业 GDP 增长的贡献度为 10%到 29%，其中 60%来自于提高的生产力。

- 化工。通过提供从供应商库存、货运物流到下游客户需求等方面细化的实时数据，互联网可提高预测的准确度并优化生产计划。互联网还能提升研发能力，促进与客户及外部专家的合作。企业可以利用物联网，提供综合产品解决方案。预计到 2015 年，互联网对化工业 GDP 增长的贡献度为 3%至 21%。

- 金融服务。通过对互联网上海量的实时数据分析，银行可降低不良贷款风险，而在线渠道提高了市场营销和与客户互动的有效性。风险管理提升、交易成本下降，银行得以服务更多零售客户和中小企业。未来，随着互联网降低了交易成本，提升了信息透明度，网上货币市场基金、折扣券商和第三方在线市场开始出现。预计到 2025 年，互联网对金融业 GDP 增长的贡献度为 10%到 25%。

- 房地产。中国的购房者和租房者越来越倾向于在网上搜索理想居所。类似搜房网等电子商务平台，提供开发商、经纪人、个人房东的挂牌信息、楼盘广告和搜索功能。电子商务平台让房地产开发商、承包商和连锁酒店可以在各类电子商务平台上采购建筑材料、设施、设备和装潢材料。互联网更改变了商业房地产的需求，网络零售降低了实体店的需求，却提高了拥有先进物流的现代仓储地产的需求。预计到 2025 年，该行业的 GDP 增长可能因为互联网降低 3%或增加 6%。

- 医疗卫生。互联网将可能成为提升医疗系统效率的重要工具。区域健康医疗信息网络 （RHINs）则可以将大医院和社区诊所联网，协调转诊和治疗事宜，从而缓解大医院就诊难的问题。同时远程医疗和远程检测在病人和几百英里之外的医学专家之间建立起全新的联系。药品电子监管码的应用可以有效监督药品供应链，而电商可扩大非处方药市场。互联网每年可以节约 1100 亿到 6100 亿元人民币的医疗卫生支出，这笔费用将占 2013 年到 2025 年医疗卫生成本增长的 2%到 13%。

根据这份报告的预计，互联网的发展最终能够促进年 GDP 提高 4 万亿～14 万亿元人民币（6400 亿～22600 亿美元）。如图 3.5 所示，预计到 2025 年，互联网可能为年度 GDP 增加近 10 万亿元人民币（1.6 万亿美元）。

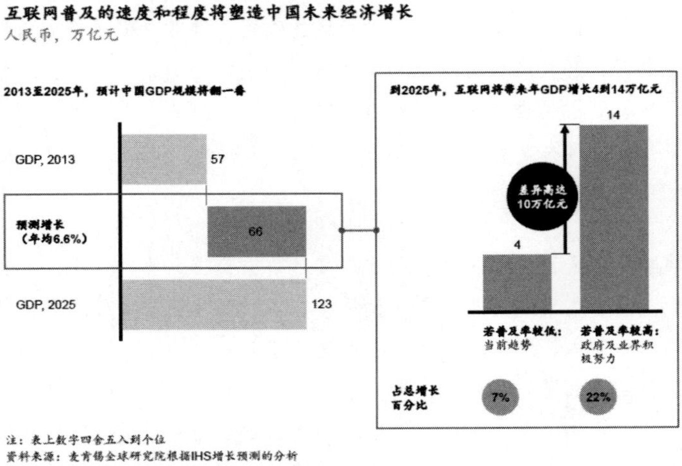

图 3.5 互联网带来的 GDP 增长

随着企业内外部资源分配的优化，生产力发展将会进一步影响企业和用户之间的关系——在世界上大多数互联网发达的市场，生产力与需求逆转的时代正在逐步到来。如今，短缺经济下的经验逐步进入归零倒计时，网络效应正在影响着全世界，世界正在逐步进入过剩经济。而这种过剩经济的原因，除了来自网络对生产力的提高外，还来自信息的爆炸、渠道的全球化，以及跨界效应带来的激烈竞争。

在互联网时代前的工业社会，尽管固定成本摊销和学习曲线等因素会形成规模效应——成本随着规模的增长而递减，但由于实物新产品总会消耗与之规模成正比的原材料以及能源，因此边际成本不可能下降到 0。然而，在互联网时代，比特复制与分发的单位成本几乎可以忽略不计，所以信息化产品——软件与互联网服务的边际生产成本几乎可以为 0。因此，网络产业本身就是一种过剩经济——信息的生产力极为旺盛，而用户需求则有限。网络产业的从业者对于用户需求几乎是亦步亦趋，以更好地满足用户需求为准则——每一家网络公司都信奉用户体验至上的理念。

亚马逊：全力成为最以客户为中心的公司

“技术发展的速度比我预期要快得多，在这个漩涡中，很多公司消失了，而我们活了下来，并且还做得不错的原因是，即使在漩涡中，我们也始终低着头专注于客户，我们做的所有事情就是每年不断地改进客户体验。”贝索斯（Jeff Bezos）很早就明白，当周围的一切都在快速改变的时候，就必须用长期的眼光发现不变的东西，那就是客户的需求和体验——顾客永远都希望更低的价格、更多的商品、更大的便利。

在亚马逊网站的投资者关系页面上，公司的使命被放在了极显眼的地方：我们要全力成为全球最以客户为中心的公司，主要为三类客户提供服务：消费者、卖家和开发者。

这家公司所有的一切，都是围绕着“客户”这一原则展开的。

1997 年致股东的信中，贝索斯写道：“从一开始，我们的关注点便是为客户提供有吸引力的价值。我们意识到，WWW 过去是、现在仍是 World Wide Wait。因此，我们便想为客户提供某种他们以任何其他方式都无法得到的东西，便开始为他们提供售书服务……我们坚持关注购物体验的改善，并在

1997年对我们的书店进行了实质性的增强。我们现在为客户提供礼物证书、1-Click购物，以及大量的评论、内容、浏览选项及推荐功能等。我们大大降低了价格，进一步提高客户价值。口碑仍然是我们所拥有的极为强大的获得客户的工具，我们感激客户对我们所给予的信任。回头客和口碑相结合，使亚马逊成为网上售书方面的市场领导者。"

从那以后，在每年致股东的信后面，贝索斯都会把1997年致股东的信附上，已成惯例。他这种客户导向的思维方式也深深影响了他的团队，并从根本上改变了亚马逊的运营体系。

很早的时候，贝索斯在墙纸上画了一个飞轮来代表整个公司的运营理念——起点是客户体验，公司的目标是追求更好的客户体验；然后带来更多的流量，吸引更多的买家来网上买东西；有了更多的买家，就可以有更多的品类和更便捷的服务，自然就对客户体验有更多的提升。另外，随着这样不断的成长，运营的成本也被不断分摊，从而拥有更好的成本结构；又可以把省下的钱反馈给消费者，从价格上再次提升了客户的体验，从而使整个循环在不断的增强。

互联网企业不仅仅会把客户至上的理念灌输给每个员工，同时，他们也会用各种各样的技术手段去实现用户至上的理想。

"很多人以为亚马逊是一个零售商，其实亚马逊从一开始就是一个技术公司。当初贝索斯在创建亚马逊的时候并不是要建一个书店，而是想用互联网来实现一个其他方式不能做到的东西。"亚马逊副总裁兼首席技术官Werner Vogels这样评价自己的工作。

而众多的技术中，大数据是一项为了更好地找到客户需求的重要技术发现。大数据推荐实际上也是一种客户细分，核心是根据不同客户的需求关联推荐不同层次的服务。如今，网上购物的人们已经习惯了收到购物平台为他们做出的各种个性化推荐，如视频应用会推荐你可能会喜欢看的其他视频，而个性化音乐软件会通过预测我们想要听什么歌曲从而生成个性化的音乐流。所有这些推荐结果都来自于各式各样的推荐系统。它们依靠计算机算法运行，根据顾客的浏览、搜索、下单和喜好，为顾客选择他们可能会喜欢的产品和有可能会购买的商品。当然，大数据并不仅仅只是用在零售业领域，还在向其他领域不断拓展：大学用它们来引导学生选课；销售商靠它们来预测哪些用户有可能转投另一家供应商；会议主办方也测试过用它们来分配论文给审稿专家。

推荐算法是怎么“猜你喜欢”的？

你有没有想过自己在亚马逊眼中是什么样子？答案是：你是一个很大、很大的表格里一串很长的数字。这串数字描述了你所看过的每一样东西、你点击的每一个链接，以及你在亚马逊网站上购买的每一件商品。你每次登录网站，你的数字就会发生改变；在此期间，你在网站上每动一下，这个数字就会跟着改变。这个信息又会反过来影响你在访问的每个页面上会看到什么，还有你会从亚马逊公司收到什么邮件和优惠信息。

许多年来，推荐系统的开发者试过用各种各样的方法来采集和解析所有这些数据。最近这段时间，多数人都选择使用被称为个性化协同推荐（Personalized Collaborative Recommender）的算法。这也是亚马逊、网飞（Netflix）、Facebook 的好友推荐，以及一家英国流行音乐网站 Last.fm 的核心算法。说它“个性化”，是因为这种算法会追踪用户的每一个行为（如浏览过的页面、订单记录和商品评分），以此进行推荐；说它“协同”，则是因为这种算法会根据许多其他的顾客也购买了这些商品或者对其显示出好感，而将两样物品视为彼此关联，它不是通过分析商品特征或者关键词来进行判断的。

大部分的推荐系统如今都依靠一种“物—物关联”（item-item）的算法，这种算法计算的是两本书、两部电影或者两个其他什么东西之间的距离，依据的是给它们打过分的用户的相似度。喜欢 Tom Clancy 书的人很可能会给 Clive Cussler 的作品打高分，因此 Clancy 和 Cussler 的书就共处一个邻集。

不过，“物—物关联”算法还存在一个很大的问题：它们能发现都喜欢同一样东西的人，但却忽略了爱好非常相似的潜在用户组合。大约十年前，研究者们想出了一个办法，通过一个叫降维（Dimensionality Reduction）的过程，把事物更一般化的表现出来。

为了弄清降维算法是如何工作的，下面我们来看看你爱吃的东西，以及如何把它跟其他一百万人爱吃的东西做比较。每一条竖线代表一样食物，每个人爱吃什么东西就自然形成了一行。在你的这一行上面或许会显示你给了烤牛排 5 颗星、红烧小排 4 星半、烤鸡翅 2 颗星、冻豆腐卷 1 颗星、奶酪烤蘑菇 5 颗星、盐水毛豆 4 颗星，等等。

通过查对这些维度，推荐算法可以迅速决定你是否会喜欢一种新的食物（比方说盐焗排骨），方法就是把这种食物的各项维度（咸的、牛肉做的、不是鸡肉、不是炒的、不是蔬菜、不是烤的）同你的资料进行对比。这种更为一般性的呈现使得推荐算法能够准确地发现有着相似但不同喜好的用户。而且，它大幅压缩了矩阵的规模，使算法变得更加高效。

推荐系统会使用一种称为奇异值分解的数学方法来计算维度。这种方法涉及把最初的一个巨型矩阵分解为两个"口味矩阵"——其中一个包含了所有的用户和 100 项口味维度，另一个则包含了所有的食物和 100 项口味维度——再加上第三个矩阵，当乘以前面两个矩阵中的任意一个时，会得到最初的那个矩阵。这种方法的主要缺点是，创建矩阵所需要的时间会随着客户和产品数量的增多而飞速增长——创建一个拥有 2.5 亿名客户和 1000 万种产品的矩阵，需要花上创建一个 25 万名客户和 1 万种产品的矩阵的 10 亿倍的时间。而且这一过程还需要经常重复。一旦收到新的评分，矩阵就已经过时。在像亚马逊这样的公司，每一秒钟都会收到新的评论。幸运的是，就算略微过时，矩阵仍然能以一个挺不错的水平运作。研究人员也已经在设计新的算法，为奇异值分解提供可用的近似值并显著缩短计算时间。

《IEEE 科技纵览》Deconstructing Recommender Systems

与传统的推荐不同，推荐系统的进化和网络本身的发展一样，日新月异。随着一次次小型的试错，网络计算能力和存储能力的增强，有更多不同类型的网站用户数据变得可用，大数据的系统可以更加完整地勾勒出一个人

的全部特征。根据这些来自多方面的数据，推荐系统可以用更加创新的算法，使得推荐结果能够迅速得到改善。今天，推荐系统的准确度正在不断提高，部分优秀的推荐系统甚至比用户自己还要了解他们。

互联网内的产能过剩使得行业内部的竞争处于白热化，而随着互联网的发展，这种过剩经济的竞争在向周围蔓延——互联网开始替代传统渠道。

曾经，做企业只要渠道通畅，关节打通，就不愁产品卖不出去。从史玉柱领军的脑白金“农村包围城市”，到康佳的百县千乡工程，再到娃哈哈引以为荣的“铁桶阵”销售体系，在“二元结构+区域市场不平衡”的国内市场中，“渠道＋广告”曾经是中国企业家屡试不爽的金科玉律。

在市场需求巨大，供销信息不通畅的情况下，确实生产出来不愁销售。消费者在电视面前被动地接收着广告，产品的一切解释权都掌握在企业手中。因此，有产品就一定有销路，广告、渠道一铺设，客户总会来。在快餐店少的时候，洋快餐迅速进入国内，形成了排1小时队吃15分钟快餐的奇妙景象。

而现在网络的普及使得用户不再满足于通过单一的渠道被动接受企业的洗脑，广告已经无法成为品牌/企业推广宣传的绝对载体。如今人们的收视习惯已经改变，付费电视订阅量正在呈下降的趋势，越来越多的观众通过互联网收看实况。网络就如同一台大功率的“推土机”，正在快速推平沟沟壑壑和各自独立、传统的单向市场渠道——互联网上有来自于各种人的各种声音。通过网络舆论，企业精心包装的产品溢价外衣将会瞬间消失。网络上用户评价如此之多——没有任何一种渠道能够主宰，而这些渠道也进入了过剩经济的领域。

渠道的过剩，使得消费者面对的不再是单独地域的几个公司，而是全球的市场。消费者可以从全球范围进行更加多样的选择；这种来自全球的庞大生产制造的力量远远高于用户的实际需求——新时代的各行各业也进入了过剩时期，需求与生产力的角色正在逆转。

随着生产全球化和渠道多样化，传统行业也在改变。凯文·凯利笔下的“失控”状态正在商业世界蔓延。通过网络，用户自发地形成了趋利避害的特性，而这种趋利性是全球性的，用户有多种多样的选择路径。企业想要"躲"在一个行业里、"躺"在一种商业模式上、"窝"在一个渠道内，通过单向用户推广来安安稳稳赚钱的好日子一去不复返了。现在，传统企业和互联网企业一样，在考虑生产之外，更应去思考如何让自己的产品吸引客户？如何了解用户的更多需求？怎样去分析客户？怎样快速去改进自己的产品？如何把单纯买卖变为朋友般的关系。

网络效应、过剩经济使得互联网企业具有极强的侵略性，他们需要不断地发觉新生事物和模式才能够拥有新的需求与客户群体。如果说过去的商业世界是被行业条块分割的一个个城池，那么互联网的出现，打破了这种各自为政的平衡，跨界效应正在应运而生。

如今，无论是在发达国家还是发展中国家，由运营商主导的封闭型的传统电信业务"短信"和"语音"都已经开始萎缩，客户更愿意选择丰富多彩的互联网应用。例如在中国，微信已经相当程度取代了曾经是运营商摇钱树的"短信"功能，而语音留言、视频通话等功能甚至即将取代运营商提供的"语音通话"基础服务。正如Ovum的数据展现的那样："现在已有50%的iPhone用户开始转向基于IP技术的通信应用。在美国，免费SMS提供商Pinger公司已经成为该国第七大移动通信服务提供商。随着智能手机和3G网络的普及，大量涌现出来的OTT企业，提供了大量的更好用户体验的互联网创新型应用。"

随着通信业的颠覆，这种效应正在进一步发酵。在传统时代，"颠覆"还是一个新鲜的词汇，对于一个行业来说，"颠覆"只是数十年间一次短暂的"兵荒马乱"的偶发现象，如同百年难见的黑天鹅一样珍贵。但是，在这个时代的转折点，通过网络带来的新技术变革如同感冒一样频繁，并通过网络开始快速"传染"到各行各业以及各个地区。"颠覆"已经进入了与普通人生活更加息息相关的方方面面——包括零售业、批发业、制造业、物流业、酒店业、旅游行业、餐饮业、金融业、保险业、医疗业和教育行业等，所有具有信息不对称性格局的行业都不免发生改变……互联网如同投入湖中的一颗石头，诞生了层层涟漪，随着涟漪半径的扩大，所影响的其他行业将会更多。

这种跨界最初是原有能力的增强，如在聊天室内提供增值服务——聊天室将聊天服务免费向用户提供，以此获得大规模的用户，但是要想讨和你聊天的人的欢心，送个花、送套衣服、PK 掉其他的竞争对手，则是聊天的增值需求，网站会对此进行单独收费。

过剩经济使得赢者通吃的马太效应正在被强化，互联网的激烈竞争使得这种跨界能力在迅速地提高，互补与衍生的跨界方式正在帮助互联网一次又一次扩大其领地的范围。为了尽可能最大程度的拥有更多用户，互联网公司通过平台和共同的理念将这些用户相互密集的连接起来，然后在其中挖掘出细分的价值——新时代的企业考虑的不再是一个个单独的行业，而是用户的整体需求。

"与沃尔玛一样，亚马逊是一家全球超市。不仅如此，它还是一家像苹果那样的制造商，像爱迪生那样的公共设施提供商，像网飞那样的在线影片租赁提供商，像兰登书屋那样的图书出版商，像派拉蒙那样的电影公司，像鲜直达那样的网上杂货店。有朝一日它还会成为像联合包裹那样的快递公司……"近日《纽约客》杂志的一篇文章勾勒出了"亚马逊商业帝国"的版图，如果说山姆沃尔顿的梦想只是做世界最大的零售商，那么贝索斯的野心则远不止如此。

在互联网时代，行业内的竞争，不再是超市货架上邻近产品之间的竞争，而是没有尽头的互联网货架上千千万万的产品之间的竞争。互联网时代使跨界从传统的增值服务上升到了一个新的层次——通常他们以低价提供服务的方式迅速获取大规模的客户，然后选取能够提供较大利益的行业，采用在高价值领域的交叉销售的手段，从中牟利。比如，小米模式——通过低成本硬件聚集大量用户，然后通过用户对游戏、阅读、主题桌面等需求来获得收入；而 360 则是通过免费杀毒吸引用户流，再通过游戏，导航等手段进行变现。因此，在今天，跨界已经不再是单纯地在原有基本功能上做叠加，而是探索新的利益领域。正是由于互联网企业具有极强的侵略性，因此商业的边界正在消失融合，过去行业的"护城河"正在土崩瓦解。新的企业不再从行业内部进行差异化服务，而是扩展到了客户的整体需求。

互联网企业的跨界究竟能做到怎样？与传统的航空公司不同，互联网企业的航空公司很可能选择降低机票价格——以此获得较大规模的上座率。但是，同时他们会要求客人必须上传自己的资料和交友信息，通过这些数据来分析用户的喜好。最后，系统会根据用户喜好来提供竞价服务。比如，如果你想跟哪个看中的美女或者帅哥同座，那么就需要为此付出更高的价格；甚至会请几个当红歌手、明星来做神秘旅客，让喜欢这些歌手、明星的粉丝蜂拥而至——这种突破行业，从整体进行思考的方式，是互联网时代过剩效应的产物。

这种跨界的、无微不至的满足消费者全方位需求的做法，消费者也十分接受，这从他们行为习惯的缓慢改变就能发现——一组数据调查显示：已经有49%的汽车用户主要关注点不再是驾驶性能，而是车内电子产品和设计；驾驶性能作为首选的比例已经降到14%。不仅仅是汽车行业，同样的现象、挑战也存在于医疗、教育、金融等多个行业，现在的消费者更看重带有网络特质的组合性的体验，而非传统的功能。

跨界风潮正在席卷每一个行业，再没有一个行业可以高枕无忧——就算是银行这样的商业巨头也不例外。曾经金融业"分业经营、分业监管"行业稳固、壁垒很高，而如今互联网企业正在紧锣密鼓地"手持武器"，准备进入贷款、基金、保险、证券、信用卡等各种金融市场。新时代的企业能提供的不仅仅是跨界体验的产品和模式，围绕着用户的将不再是有限的可选的少量企业，而是互联网上千千万万的企业以及他们跨界形成的 "商业生态圈"。这场以单一产品对抗生态链型产品的战役将会对传统行业带来怎样的影响?

这是一场"如何更好地满足用户需求"的战争，用户被推到了产业势能的制高点——在过剩经济下，产品的廉价与丰富多彩，技术也被应用得恰到好处，而这也导致用户的自由迁移度变得更高，他们只需移动手指，便可轻松地把业务移至别处。麦肯锡咨询公司资深合伙人理查德·N·福斯特在回顾标准普尔 500 指数的历史变迁时指出：在新的时代，各大公司跌出标准普尔 500 指数的速度正在加快。1958 年时，一家公司有能力在榜单中停留 61 年之久，而现在，各公司的平均停留年限仅为 18 年。2002 年以来，标准普尔 500 指数见证了 Google、亚马逊、网飞的加入和柯达、纽约时报、奔迈

（Palm）、康柏（Compaq）的转瞬离开。技术的进步、模式的创新、组织的变革，带来了源源不断的新的生命力，而顺应这些生命力兴起的新时代的企业们，正在生产出各种各样的创新型产品，站在了时代舞台的中心，而无法跟上时代的老旧企业则不得不面临着快速的消亡。

我们正在经历一次时代的变革，在这场变革中，用户需求将会变得比以往任何时候都更加重要。为了更好地满足用户需求，用户体验研究、用户交互研究、用户心理研究……，新时代的企业正在无所不用其极。而面对新的时代、新的环境，客户至上必须从一句口号真正转化为企业经营的“纲”。企业需要正视这场变革将会带来的影响，必须反思自己的运营，传统的运营方式将会逐步被淘汰，过去的经验正在开始归零的倒计时。在新的时代，世界的规则将会焕然一新。随着这一次次的改变，生产力在提高，用户需求在丰富，人类正在变得更为自由，组织内外部正在变得平等、开放。

3.5　总结

这是一个最好的时代，也是一个最坏的时代。 互联网像压路机一样正在碾平着各行各业，打破传统的信息不对称和各种中间环节，利用“连接、智能和创新”三大特点去提升传统产业，创造新的价值。特别是 2015 年两会李克强总理首次将“互联网+”行动计划提升为国家战略，互联网将在更广空间、更大范围内与传统产业融合。

互联网带来的改变是深刻而广泛的。正如本章所论述的那样，互联网的快、互联网的个性世界、开放与合作及客户需求主导时代的到来都将对传统行业，如零售业、制造业、金融业带来巨大的改变，其中很多已经正在发生。

首先，我们认识互联网带来的时代的变化，是让我们去更清晰地洞察变化的规律和本质。互联网带来的产品/业务的变化是表象，它只能告诉你未来的热点领域和方向是什么；而背后带来的企业管理模式的变化、企业思维的变化，以及整个社会文化、观念的变化才更加重要。思路决定出路，认识决定高度，只有明晰了本质，微观上才能帮助企业更好地适应这种变化。

其次，当我们看到变的同时，也要冷静思考，在“变”的时代，不变的是什么？不管互联网对效率提升、成本降低和客户体验提升等方面有多少贡献，对客户需求的满足、价值的创造这个核心绝不会改变。只是客户价值从以前简单的功能性需求变成体验性需求，再到个性化需求，从产品为王到客户为王。在感受和适应变化的同时，只有紧抓不变的本质，才能不被各种互联网的言论冲昏头脑。

导读

从产品的快到人性的自由，再到组织的平等开放，互联网的影响深刻而广泛，生产力与需求的逆转更是对新时代的组织提出了新的挑战。到底什么样的组织是适应现代技术和社会发展的组织？

“适者生存”达尔文的进化论似乎能很好地解释这一切，本章借用生物学中对植物和动物的定义，我们将一个企业的组织类比为植物型和动物型。在互联网时代，只有动物型组织才能更好地适应快速变化，发展壮大。个性与灵魂反映了动物型组织的文化根本和领导个性，是企业的差异化特质；神经系统是动物型组织的突出特点，快速、准确和实时的对外界反应，是企业适应性的起点；系统运转是企业各大系统协调配合的结果，也是动物型组织的最大优势；捕食性是动物型组织在新时代快速扩张、不断壮大的捷径。正是由于动物型组织拥有这么多不同于植物型组织的特性，才使得在快速变化的互联网时代，它们能更快、更好地适应外部环境的变化，做大做强。

第 **4** 章

互联网浪潮下新生物组织的诞生

人们总是问我："当一名成功的CEO的秘诀是什么？"遗憾的是，根本没有秘诀。如果说存在这样一种技巧，那就是看其专心致志的能力和在无路可走时选择最佳路线的能力。与普通人相比，那些令你最想躲藏起来或干脆死掉的时刻，就是你作为一名 CEO 所要经历的不同于常人的东西。

——本·霍洛维茨，硅谷顶级投资人

4.1 植物型企业组织的失败

没有成功的企业，只有时代的企业。事实上，企业必须是要适应时代发展的，适应时代意味着企业的战略、业务、组织等各方面必须要动态调整，顺应不同时期社会的发展特征。

然而，能真正顺应时代的发展变化，并能够长期生存的企业并不多。一般来说，很多企业在拥有非常好的市场情况、人才情况，甚至组织运行也顺畅无阻的情况下，却依然背离了时代的发展轨道，并最终被时代所淘汰。

2014 年 7 月 20 日，当诺基亚现任 CEO 约玛·奥利拉在记者招待会上公布同意微软收购时最后说了一句话：我们并没有做错什么，但不知为什么，我们输了。

说完，连同他在内的几十名诺基亚高管不禁落泪。

互联网时代，市场竞争激烈，被淘汰的企业数量与被淘汰的速度远远超越了传统时代人们的想象。曾经如同泰坦尼克号一般巨大的摩托罗拉、奔迈（Palm）、黑莓和索尼等，纷纷陷入了低谷，骤然下沉。他们先后遭遇了连年亏损和营收骤降，也尝试过多种方式自救，如全球裁员、裁并部门甚至出售大楼等举措，以壮士断腕的勇气进行了艰难痛苦的转型，对产品线进行战略调整，希望能够重新在市场中占据一席之地，然而这些举措却无法挽救企业的宿命——摩托罗拉移动并入Google旗下，奔迈出售给惠普后黯然消失，黑莓在 2013 年 9 月同意被 Fairfax 收购，而在这些巨星陨落的故事中，最为耀眼的一颗陨落之星，莫过于在 2013 年 9 月 3 日被美国微软公司以 71.7 亿美金收购的芬兰手机制造商诺基亚。

事实上，诺基亚无疑是 20 世纪 90 年代以来欧洲最成功的科技公司，一直到 2012 年都蝉联世界上最大的手机生产商冠军宝座。10 年前，“你每眨一下眼睛，全世界就卖出 4 部诺基亚手机”的广告词家喻户晓，“大手牵小手”的开机画面一直堪称经典；10 年后，这位“手机巨头”不但卖掉了位于芬兰的总部大楼，还宣布出售光纤业务，并在 2013 年年底前在全球范围内裁员 1 万人。

诺基亚被微软收购的消息一出，全世界都对于诺基亚为何会从业界霸主沦落到如此地步的原因，展开了热烈的讨论。

哈佛商学院教授克里斯坦森 1997 年写过一本书——《创新者的窘境》——曾有过这样一段评语，听起来其实非常符合诺基亚的现状。

> “它们在相当长的时间（几年甚至十几年）内居于行业领先地位，制定游戏规则，它们认真倾听消费者的意见，认真研究市场趋势，积极投资新技术的研发，以期为消费者提供更多更好的产品……但这些都无济于事，它们最终还是丧失了其市场领先地位。”
>
> 为什么管理良好的企业会遭遇失败？他认为内在原因是因为推动他们发展成为行业龙头企业的管理方法同时也严重阻碍了它们发展破坏性技术，而这些破坏性技术最终吞噬了它们……

市场、人才都是企业重要的资源，诺基亚作为多年的行业领导者，也一直拥有这样的资源。但是，诺基亚仍然遭遇了失败。事实上，一个企业必须清晰地认识到，任何物质资源本身，都是具有局限性的。正如我们在第 2 章提到的，任何技术、人才、市场都会变化，对于企业而言，只有适合时代的管理组织才是企业唯一的核心竞争力。而这些资源，只有通过卓有成效的组织，通过适合组织的搭建，才能有效地转化成市场竞争力。

企业成功的因素多种多样，失败的原因却如出一辙——诺基亚的失败从根本上来看，依然是源于公司的组织与管理。事实上，诺基亚在陨落之初就已经看到了问题的发生——从 2004 年到 2012 年，诺基亚做过多次组织的调整，希望挽救企业陨落的趋势，如图 4.1 所示。

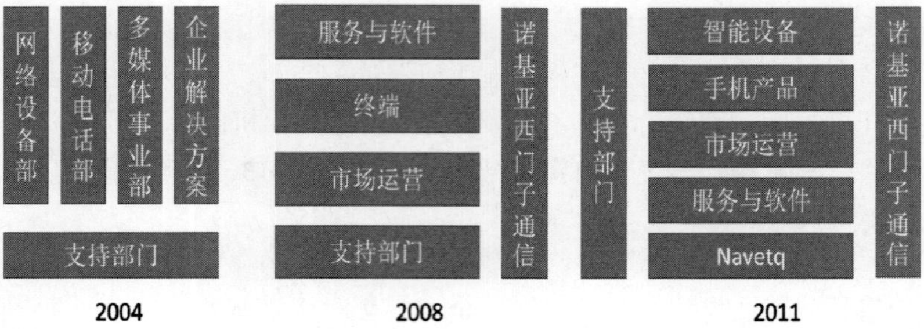

图 4.1　诺基亚三次组织调整

第一次组织调整（2004）

诺基亚调整其组织结构，加强其对技术融合、新型移动性市场和业务增长的力度。新的组织结构包括四个业务部门，重组计划将注重移动世界正在形成的新业务领域，同时继续加强诺基亚在移动语音通信领域的领导地位。

移动电话部：将为广大的消费群体提供具有全球竞争力的移动电话。

多媒体部：将为消费者提供移动多媒体服务，包括图像、游戏、音乐和其他一系列具有吸引力的内容。

网络部：提供基于主要无线标准的领先的网络技术和相关服务。

企业解决方案部：将通过提供基于端到端移动架构的各种终端和无缝移动连接解决方案，为企业型用户带来价值。

第二次组织调整（2008）

诺基亚于 2008 年 1 月 1 日起正式采用新的组织架构。在新的组织架构下，诺基亚现有的终端业务部门和平行的部门结构将被三个部门替代。

终端部：负责为市场提供极佳的终端产品组合。

服务与软件部：体现了诺基亚的战略重点，即发展面向消费者的互联网服务、企业解决方案和软件。

市场运营部：负责管理诺基亚的供应链、销售渠道和市场营销活动。此外，诺基亚将设立企业发展办公室，来优化诺基亚的战略发展能力和增长潜力，并与首席执行官一起为各个新部门之间的整合提供运营支持。

诺基亚西门子通信是一个电信解决方案供应商，由西门子公司的通信集团与诺基亚的网络事业群以 50%：50%合资合并而成，作为诺基亚集团的一个独立报告主体。

第三次组织调整（2011）

智能设备部门：主要负责建立诺基亚在智能手机市场上的领导地位，Symbian 智能手机、MeeGo 电脑、战略业务运营几个移动解决方案部门都被分到智能设备部门之下。

手机产品部门：将驱使“网络功能的下一个十亿”战略，这个部门的目标是让诺基亚在移动互联网时代获得下一个 10 亿用户，让这些用户以更低的价格获得互联网和应用服务。

市场部门：将负责销售产品，市场营销和沟通，建立一个具有竞争力的当地生态系统、采购、客户服务、制造、IT 和诺基亚所有产品的物流。

服务和软件：主要任务是诺基亚的全球服务、开发者提供、开发者关系和合作伙伴服务的集成。

NAVTEQ 部门：是诺基亚的位置和广告业务的一个部分，继续作为一个独立的报告实体。

诺基亚西门子通信：继续作为诺基亚集团的一个独立报告主体。

在 2008 年的组织改革中，诺基亚甚至做出了效仿苹果的决定，将原有五大事业部——移动电话事业部、多媒体事业部、网络事业部、企业解决方案事业部和客户及市场运营部，调整为终端部、服务与软件部和市场运营部三个部门。诺基亚希望将服务与软件部提升为一个独立部门来体现互联网业务的重要性。诺基亚看到了整个时代正在转型，他们也希望通过这次调整，

能够向互联网公司转型，跟上移动互联网时代的步伐。

然而事实上，诺基亚组织后两次的变动并没有发挥其预想的效果，治标不治本的组织调整无法解决企业的问题。一个组织外在的形态是架构、部门设置和职责等，但内在的运作机制、流程等更能决定组织的灵活性和适应性。因此虽然经过两次调整，但诺基亚依然存在组织臃肿、效率低下、市场反应及趋势把握不及时等严重问题。

如果效仿苹果都不能解决，是否企业就无药可救了呢？事实上，诺基亚组织失效的根本原因并不在于表面上的组织结构——仿效别人的外表无法真正地解决问题，需要看到新时代企业内核的变化。因为，在一切都变幻莫测的新时代，新的组织形式已经出现，并已经在和传统企业同台竞争，并展现出了强大的生命力。

这个新的组织形式是什么样的？有什么特点呢？

在互联网时代以前，传统的企业运作机制如同植物一般——通过自己组织生产，以向外部提供贡献为主。这就像通过光合作用，制造氧气来维持自己生存的植物一般，承担着生产者的角色。其实，不仅仅是企业的功能和作用，企业对于外部事物的反应方式也和植物如出一辙。我们可以对植物以及传统企业做一个简单的类比。

植物通常是：

- 自给自足的光合作用体，不同部分具有规整的结构，比如根、叶等；
- 通常只能固定在某一处环境中，不可自主的移动；
- 尽管对外界有反应，但反应较慢，通常是局部进行反应；
- 不具备神经组织、缺乏大脑组织。

传统企业特点：

- 几乎全部的工作都在企业内部自主完成，仅仅启用少量的外部合作；
- 对领域的依赖性强，常年深耕一个领域，很难切换进入新的领域，也缺乏进入新领域的动力；

- 企业对内部管理效率的关注远远大于对外部环境的关注，通常对市场的变化反应缓慢；
- 一旦企业经过数年发展后，架构庞大，内部沟通效率迅速下降；同时，企业员工也只是根据考核重点安排工作，缺乏自主的精神动力。

大部分传统时代的企业都具有这种类似植物的特性：拥有规整的分工，关注企业内部管理而非外部变化，组织的主要能力是提高生产效率以及降低生产成本。我们可以把这种企业组织形象地称为——植物型组织。

植物型组织结构拥有自己的优势，在一定的时代背景下占据主导地位。

通过关注内部组织，他们能很好地组织生产，因此内部组织能够在很大程度上降低生产成本；由于长期根植于某一个地域，他们更满足当地的人文、环境，领域的深耕细作对于变化缓慢的传统时代具有很好的适应性。而且由于植物型企业关注的主要是生产效率，因此员工的工作易于科学的衡量——正如泰勒的科学管理方法——在汽车的制造过程中，企业很容易通过制成了多少辆汽车、每一辆的质量如何来判断员工的工作情况。因此，企业可以通过各种量化的科学衡量标准，来促使工作者增加产出。

但这一切，都是以缓慢而稳定变化的传统时代作为背景而言的。而在新的时代，受到互联网的影响，用户的需求、员工的需求、行业的趋势，对于传统企业来说一切都在飞速变化——就如同将一株植物迅速地移植到不同的地域中。很多企业仍只能缓慢地调整自己的组织，以求适应环境变化，因为太慢而倒闭；而另一部分传统企业则可能根据环境迅速改变自己的特性，适应新的时代。

但是，除了难以应付的环境，他们还会受到另一类新型企业的挑战——新时代的新型企业。我们将这种新型的企业比喻为——动物型企业。由于诞生于环境飞速变化的新时代，所以这些企业从出生起就和植物型企业有着截然的不同。具有互联网基因的企业，是我们对于这一类企业的通常称呼。

什么是动物型的组织结构？它们和植物型的组织结构有什么不同？

亚里士多德曾经说过：

"生物是分等级的，有些生物有生命，有些生物无生命，它们的区别在于有没有灵魂。"

……

"有些生物拥有灵魂的全部能力，有些拥有灵魂的部分能力，也有些只拥有一种力量。我们所指的能力包括营养、知觉、欲望、地点变换和思想。植物只具有一种营养能力；而动物既拥有营养能力，也拥有知觉能力。"

很明显，在远古时期，哲学家就对动物和植物做出了性质上的判断——动物具有知觉能力。而随着科技的发展，科学家们更清楚地了解了动植物的主要区别：

- 动物并不从空气中获取二氧化碳，而是以多种生物为食；
- 动物以氧气、植物和动物为食，他们拥有更大的活动性，因此可以实现大范围的迁徙；
- 由于动物的移动性，他们常常面对不断变化的外部环境，因此动物演进出现了神经组织，通过神经组织实现对外部的快速反应，趋吉避凶；
- 最后，在这些所有的特征上，动物最终出现了思考能力，灵魂成为了动植物最重要的区别。

动物型企业的特点与此有些类似：

- 他们通过不断的与外部合作，兼容外部力量来构成自己力量的来源，而只进行少量的自己生产；
- 他们通常具有较强的迁徙性和扩张性，不局限于当地，而是快速的向全国、全球扩展；
- 他们拥有快速反应的神经系统，能够迅速找到风口成为"站在风口的猪"；
- 组织具有了灵魂，企业会具有 1～2 个代表性的人物，提到这个企业就会想到这样一个人物，他的存在不仅具有外部效应，同时也是将企业各个部分团结到一起并发挥作用的重要原因。在这样的企业里，员工不再是机器上的螺丝，而是充满了干劲与活力，他们拥有了更多的内部动能，具有了更多的主动意识。

典型的动物型企业大多诞生于互联网时代，动物拥有比植物更快速的反应能力，动物型企业也是如此，比如正在国内将传统终端大佬们挑下马的小米。

创立小米的灵感来自苹果，雷军（图 4.2）非常崇拜乔布斯，他认为乔布斯定义了全世界使用手机和移动互联网的方式，他还认为，针对中国市场开发一款智能手机存在机会，而硬件公司可以利用移动互联网的潮流。雷军表示，小米的发展基于 3 个主要元素：

1．电子商务的模式；

2．用互联网模式开发的 MIUI；

3．米粉。

图 4.2　雷军和他的小米

为了让企业像动物一样反应灵活，小米在线销售手机，而不设立实体店，大大地减少了销售的中间环节，让市场的变化、客户的反馈能更短、更直接地传递到决策者。而且这些大幅减少的成本和节约的资源可以用于开发质量更好的手机。

快速的反应更体现在用互联网方式开发 MIUI 上。在小米手机 1 问世之前，MIUI 作为 Android 系统的一个 ROM 已推出了 1 年时间，被许多 Android 爱好者使用。根据用户的反馈，每周五 MIUI 都会发布最新更新版本。

开放和互动也让小米有了更多的弹性。米粉是小米粉丝的昵称，是小米成功之路上的重要一部分。小米发展到今天很大一部分是由于米粉的响应。小米的粉丝自愿提供反馈，成为小米获取信息的一个重要渠道。雷军表示，米粉们的口碑营销可能是小米较好的推广渠道，如果有人开始使用小米手机，那么他的朋友很可能也将开始使用。通过这种方式，小米迅速在终端市场获得了巨大的关注，营销信息得到快速传播。

在新的时代，动物型企业能够对外部环境做出更快更准确的反应，而这种快速反应的能力，正是植物型企业所较为欠缺的。小米通过外部生产线进行大量的手机生产，打造 MIUI、米聊、小米手机、小米电视等多种多样的产品；充分与外部接触，产品快速迭代；当然，他们还拥有中国的"雷布斯"——雷军作为小米的灵魂代言人。

面对来势汹汹的动物型企业的挑战，传统企业应该如何应对？动物需要依靠植物为食物来保证自己的生存，因此，植物型企业仍然会存在并将长期存活。然而，这种企业已经不可避免地沦为了生态链的末端。

是固守植物的本质，又或者是，来一次基因突变，完成向动物转型的华丽变身？

4.2 打造动物型的组织 1——打造自己的个性

人们生而平等，但又生来个性各有千秋。——弗洛姆

动物型企业和植物型企业的最大区别在于，动物型企业具有个性和灵魂。一个没有灵魂的企业，不会具有改变的决心和动力，也不会真正找到改

变的方向。而同样，每一个改变，也必须从灵魂做起，才能最终实现基因的突变。

个性，指的是个体对待现实和周围世界的态度，个性会反映在个体的行为上。通常，一个具有个性的个体，他会在思想、性格、品质、意志、情感和态度等方面有不同于其他个体的特质，这个特质表现对外就是个体的言语方式和行为方式，而对内则表现为个体的情感方式，等等。大量的高等生物都是有个性的，个性化是其存在的方式。

很多时候，企业的灵魂会与传统企业的企业文化混为一谈。当然，企业文化是企业个性与灵魂的一部分，但是传统企业文化多是在传统企业的成长中提炼而成的，具有道德约束一类的信条。典型的企业文化如诚信经营、以人为本、用户至上等，从文化上而言，并无错误，但这种企业的灵魂就如同一张外皮，多具有口号意义而无法展现企业的真正灵魂。

有灵魂的企业并不是一味地以口号式的道德信条为标准的。动物型企业的企业文化很多时候并不是企业文化，更多的是一种企业的个性。植物型企业，或者传统企业所提倡的文化，就如同传统的影视剧中的正面人物，更多的是起到正面宣传的效果。但在这个讲究人性与平等的时代，人们易于接受的更多是与自己一样的、平易近人的伙伴。看看当今的影视剧就可以察觉到——英雄早已经不再是刻板的、品学兼优的好学生，而是有着自己特点，能够激发出共鸣的实在个体。英雄也会有各种各样的小缺点，但这些都阻挡不了他们追求真理，或是善良、或是诚恳的特性。而正是这些小缺点，如同菜肴里的调味剂，将他们个性中的闪光点更好地衬托和展现了出来。

有灵魂的企业也正如这些英雄人物一样，时代并不再要求每个英雄必须是一个完美的人。新时代的企业身上更多强调抱有坚定意志、全面而又立体的个性表现——过分完美反而缺乏真实感，不易被用户接受。

有灵魂的企业通常会有一名灵魂人物作为企业的代表。比如阿里巴巴、百度和腾讯在你心目中的印象是什么？是天猫的活泼，百度一下的蓝色 logo，抑或是小企鹅的灵动。相信都不是，相反人们心目中会自然浮现出三家企业创始人的形象——阿里巴巴的马云，字字珠玑、高调激昂；李彦宏则是儒者风范、风度翩翩；马化腾则是低调内敛，剑走无形。从这三名领导者的身上，我们就能够判断出一个企业的性格和发展趋势，面对不同问题他们会表现不同的态度，推出不同的产品，企业的一切行动都会因为这个灵魂的贯穿，而具有连续性。

对于一个动物型企业，展现企业灵魂较为重要的表现方式有三种。

一是产品，企业个性必须与其产品特性相辅相成。企业的产品是企业极为重要的输出结果，也是企业展现灵魂的极为重要的表现点，正如中国古代剑客常常会有剑如其人的说法。如果一个企业常年称自己的产品精益求精，而用户使用的感觉则是普普通通、缺乏亮点，那么这种期望打造的个性与企业本身的输出完全不相符，就会使得用户永远不会对这个企业真正留下精益求精的印象。

产品，是一个企业灵魂极为重要的载体——如果一个企业拥有足以体现其灵魂的产品，那么甚至可以无须其他表现方式。这也是为什么很多成功的互联网企业的灵魂人物是公司最重要的产品经理的原因。企业灵魂人物通过对企业核心产品的设计和把控，使得用户手中的产品能够体现出企业的灵魂，企业输出的产品正是企业创始人的种种表现，创始人本身则对产品的特性与质量进行了保障，使得用户更加尊敬这家企业，并信任企业生产的产品。

这其中较为杰出的代表便是苹果前任总裁乔布斯以及他的核心产品：苹果手机和平板电脑。

苹果的个性——正如双鱼座的乔布斯一样，是对完美的不懈追求。事实上，在用户使用的过程中苹果产品仍有各种各样的问题，但这一切都不影响苹果的美——以及它追求完美的个性体现。

乔布斯的演讲

如果是吉百利 史威士的CEO在会场发言，或者耐克的老板推荐他的新款运动鞋，那么你或许可以在专业杂志上看到这些新闻，并在之后就会忘得一干二净。但是在某一天，有一位 CEO 将要出来宣布一些事情，片刻这则消息就会扫荡网络，而且也将出现在股票经纪人的电脑上，当然还有报纸上。而且大家会对此事津津乐道数月。

这位 CEO 就是史蒂夫·乔布斯，初看上去，他不过是一个身着黑 T 恤和牛仔裤，在介绍一些科技新玩意儿的家伙。然而这场秀难以置信地整合了产品的推销和演示，全场的欢腾喝彩，还有点儿严肃主题，尺度拿捏的刚刚好。

史蒂夫·乔布斯，是在商界较为接近摇滚明星式的人物。苹果发布新产品的时候，人们的关注很大程度上是来自于乔布斯传递的信息。重要产品的发布，乔布斯首选的方式就是他的公开亮相，现身说法。

乔布斯的讲演总是给人意外，看起来令人迷醉。他很有条理，演示的每个环节都烂记于心，寻找影响最佳的契合处。每当介绍完一个新品，他都会表达苹果在不懈改进其产品。

二是通过创始人以及员工的各种亲身表现，展现企业个性。将产品与企业自身融合的天衣无缝是企业能够实现个性的最高级阶段。但并不是所有人都能像乔布斯一样，对产品各个环节能够把控得细致入微，成为一个优秀产品经理的同时又能成为优秀的企业管理者。 因此，很多企业需要从多种不同的侧面去塑造企业的个性。互联网企业的领导者们为何热衷于参加各种平民发起的公益活动？虽然很多时候这些活动并不是他们真正感兴趣的，然而，为了打造全面的企业个性，互联网大亨们早已将个人置之度外，而将企业的个性放置于各种各样的活动中，并不遗余力地力求在各个方面表现出来，希望寻求用户的最大共鸣。

Facebook 创始人马克扎克·伯格出现在 2014 年 7 月旧金山市区举行的同性恋大游行队列中（图 4.3）。他坐在 Facebook 的装饰花车上，还兴奋地给围观的人群敲象征 Facebook 上“喜欢”的大拇指图案，包括《华尔街日报》、TechCrunch、AllThingsD 在内的各家科技、财经媒体都对此进行了报道——好像这真的是一件很重要的事情似的。他们都在说：看，科技公司

公开支持权利平等了!

更有趣的是,一位在 Facebook 工作的朋友在 Instagram 上传了扎克伯格给一位员工敲上"喜欢"图章的照片,底下有人回复"他是同性恋吗……?"接着立刻有人回复说"不不,他是直男。但他有平等庆祝的权利。"

图片来源:PingWest

图 4.3 Facebook 参加同性恋游行

这一切难道不是听上去更像是名人们的娱乐八卦吗?

细数一下今天在游行中看到的科技公司:EA、Dropbox、Twitter、Uber、Zipcar、Google、Facebook、eBay 和 Yahoo!,还有只有区区一排人的 Zynga。Jack Dorsey 也在推特上发了自己身着 Square 宣传衫的照片,在胸口袋里有一面彩虹色的旗帜。在同性恋游行中,一堆没能站到队列里的 Google 员工围在一起叽叽喳喳,Google 几乎在压轴时刻出现,他们就一直等到那个时候,还不时使用内部的系统查看同事的位置——上面显示着实时的行进路线。其中一个人还跟我说:"我下个月才入职,否则我就跟着他们去走了。"

为何这些公司如此热衷于参加同性恋游行这样的活动?TechCrunch 对此做出了明确的分析。

公开参加游行就像是公司的 Outing 一样，是增加凝聚力的手段，也是庆祝科技公司开放包容的文化的重要形式。

本年度的同性恋的大游行之所以气氛异常热烈，是因为在两天前，最高法院裁定《保卫婚姻法案》被宣布不符合宪法而推翻，标志着在美国合法结婚的同性恋双方将可以获得和异性恋夫妻相同的联邦权益。不过，支持同性恋群体到底对科技公司意味着什么呢？我们回头来看一下今年早些时候的一件事情。

今年 3 月，倡导同性平等权利的组织 HRC（Human Rights Campaign）在其官方 Facebook 页面上公布了他们设计的代表平等权益的标识——红色或蓝色背景上的一个“等号（=）”，呼吁支持同性婚姻的人在美国最高法院就加州 8 号提案（Prop 8）听取两起同性婚姻案的听证会期间换上该头像。在其公布该符号后，Facebook 的官方数据显示：一周内有 270 万 Facebook 用户更改了头像照片，如图 4.4 所示。同时，Facebook 的数据还发现，在这次运动中，30 岁左右的人群和居住在大学城所在地区的人群针对同性恋有关的事宜行动积极性更强，更愿意表达自己。

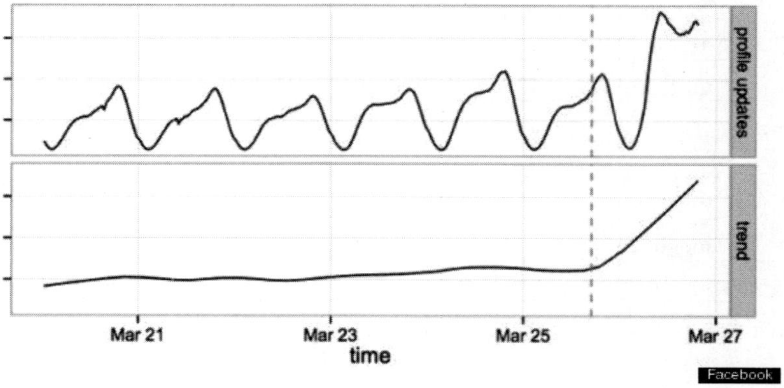

图 4.4　Facebook 官方数据

这些不就是各个科技公司最看重的用户人群吗？如果有一件事情可以不用科技公司花钱就能轻易提高他们的活跃度，形成病毒式有感染力的运动——嘿，那在这件事上，最好不要站错了位置。不论更改 Facebook 头像的做法是不是真的促进了法案的推翻，对网络科技公司来说这都真的是一件值得关注的事情，因为这标志着人们对社交网络仍然抱有可爱的理想主义——"用社交网络去推动真正的社会变革"。

姑且不提科技公司本身试图向外界展示的包容形象，务实而言，为了这270万用户或是他们带来的社交活跃度和感染力，马克·扎克伯格今天的出现都是一件对Facebook形象几乎百利而无害的事，况且，别忘了Facebook本身就是从大学城里崛起的大生意。而对于那些科技公司来说，要抓住和稳固关键用户群体，加入这样的狂欢也未尝不可。

所谓共襄盛举，不就是那么一回事吗？过去的企业通常害怕得罪部分客户，而对很多事物表现暧昧。但互联网时代的企业则正好相反，利用各种各样的活动，他们更加明确地表达自己的立场。一个模糊不清的形象是无法吸引到支持者的，他们如同新时代的人类一样，更加自由、更加平等、更加个性——这是企业在新时代立足的不二法宝。

当然，还有第三种方式，通过企业个性化氛围的建设，也能够实现对企业个性较好的打造。马化腾创造了低调而务实的腾讯文化，而Google也通过平等与创新，吸收了大量的优秀人才。 而这些人才，最终也会打造出带有其文化特色的产品。如果自己无法成为伟大的产品经理，那就吸引几个，因为如果企业文化本身就带有浓重的创新色彩，那么就一定会影响员工的行为模式。

Google的创新模式为网络时代的IT产业开创了一条崭新的发展道路。如果继续探究下去，寻找潜藏在这种创新背后的驱动力量，则是企业全体成员在生产经营活动过程中形成的一种行为规范和价值观念。Google公司对创新的敏感以及对建立新一代创新模式的渴望从根本上源自Google公司特有的企业文化。而且在Google，许多企业文化本身就有着极强的"创新"色彩。

著名的Google News其实是源自一位工程师的"灵机一动"：他希望看到最热门的新闻，但又不满意门户网站编辑的筛选结果，于是就亲自动手，实现了一个由软件自动编选、排序的"新闻中心"。这种创新加上实干的企业文化，直接影响了 Google 公司对新产品和新技术的思考方式。

在 Google，任何人都要亲自动手处理自己的事情，CEO 也不例外。这样的文化，使得 Google 公司的研发人员自然而然地形成了研发一体的创新理念。

Google 的两位创始人也不会忘记发明一些“新奇”的玩意儿来为工作增添些乐趣。有一次，拉里·佩奇自己动手，将装有自己开发的测试程序的笔记本电脑安装在可以遥控的玩具车上，然后蹲在地上，指挥着自己的测试车跑遍公司的各个角落——其目的竟然是为了测试公司内部的无线网性能。

创新引导实践，实践支持创新。实践和创新缺一不可，在新的世纪里，也只有那些善于将创新和实践结合起来的人才有可能获得较大的成功。

Google 的员工都喜欢在愚人节那天开玩笑。有一年 4 月 1 日，有位 Google 员工甚至在网站上推出了 Google 牌的彩色汽水。这种提倡激情和趣味的企业文化体现在研发上面，就成为了无数新点子、新创意的最好源泉。

通过氛围将企业内部的个性调整到与企业灵魂一致，这种灵魂的力量再通过员工以及员工的劳动成果——输出到外部。这样的产品可能并不完美，但是充满了个性的美感。Google 的企业信条是“永不作恶”，然而提到对 Google 的印象，大家却只会想到创新，有趣的创新——Google 通过在内部打造轻松氛围也建立起了自己的企业灵魂，并因此收获了大量具有同样信念的精英加入其中。

事实上，从以上三个案例我们可以得出。互联网时代的企业灵魂已经不再仅仅是一句单纯的口号，设计企业灵魂的时候需要更加仔细地询问自己，企业的个性贴近真实生活吗？更加让人接受吗？

而这种设计与实施，需要由企业的创始人、企业的公关宣传团队以及企业的战略部门共同打造和推动，而不是简单的设计而已。企业创造的个性背后，最好能有一个或者一些有趣而又吸引人的故事，使得这种个性不再是一句苍白无力的口号，而是栩栩如生，如同发生在自己身边的故事一般，引人入胜。

人生赢家：特斯拉创始人伊隆•马斯克

在富庶的加利福尼亚州，南部的洛杉矶和北部的旧金山交相辉映，洛杉矶的好莱坞汇聚着耀眼的娱乐明星，而旧金山的硅谷也孕育着一个个的商业科技偶像。如同《生活大爆炸》和《神探夏洛克》中展现的那样，智慧成为新的性感方式，在科技界开拓创新，在商界运筹帷幄的硅谷精英们越来越有偶像气质。

乔布斯的 T 恤牛仔裤、扎克伯格的拖鞋都成为技术男乃至更大群体的时尚趣点，伊隆·马斯克因为这两年爆红的 Space X 项目和特斯拉一跃成为硅谷目前极受关注的偶像，伊隆·马斯克之所以如此被追捧，与他对于财富的态度有很大关系，在他拿到人生的第一个千万后的 14 年里从来没有停止前进的步伐。

与 Facebook 创始人扎克伯格一样，马斯克从小就开始学习编程，而且是自学成才，在其 12 岁的时候，他卖出了由他编程制作的首个视频游戏，赚到了人生中的第一桶金，500 美元。1999 年，他把和哥哥一同创立的公司 Zip2 出售给了当时的 Compaq 公司，也因此赚到了人生中的第一大笔钱，2 200 万美元。在卖掉 Zip2 不久，马斯克创立了 PayPal， eBay 在 2002 年以 15 亿美元的价格收购了 PayPal，目前 PayPal 已经是国际上应用较为广泛的在线支付工具。在这笔交易完成之前，马斯克还创立了另外一家公司——Space X，两年后，他加入了 Tesla Motors，成为了特斯拉的董事会主席。在 2006 年，马斯克与人合作创立了 SolarCity，马斯克自己则成为了 SolarCity 的主席和最大股东，目前，SolarCity 已经成为美国较大的太阳能服务供应商。

在 2002 年之后的几年里，马斯克的创业项目一个接着一个，并保持到了现在，那时候打下的根基成为了目前马斯克的主要产业。

2008 年对于马斯克来说，是关键的一年，Tesla Roadster 开始量产并出售，而 Space X 项目赢得了来自美国航空航天局的 16 亿美元合同。特斯拉的第二代车型 Tesla Model S 成为了特斯拉的经典之作，在 2012 年到 2013

年，这辆汽车成为了汽车界和科技界的宠儿，以豪华电动跑车的身份赢得了众多奖项。

因为同时兼具智慧和财富，因此马斯克经常被拿来和钢铁侠相比，马斯克俨然已经接过乔布斯的接力棒，成为硅谷成千上万创业者的新偶像。

通过对伊隆·马斯克本人的亲身经历的描述，用户对于其企业以及产品有了初步的印象——敢于挑战自我的钢铁侠。事实上，这个故事为特斯拉或者龙飞船的企业灵魂塑造打下了良好的基础。提到特斯拉会想到什么——科技超人！这种感觉不正和钢铁侠一样吗？

企业的灵魂最好与企业领导人、代表人物的个性相契合。战略团队需要与领导人物进行充分的沟通，通过对管理人员真实个性的了解和整体市场情况进行分析，选择迷人并易于引起共鸣的部分，最终经过精心加工而成。

Facebook 的企业个性是怎么炼成的

2008 年，Facebook 还处于创业初期，整个公司的氛围充满斗志。当时的 Facebook 已经有 400 名员工，用户数也已有 8 000 万。公司里的所有人当时都在“快速行动，破除成规”座右铭的指导下拼命地工作，不过公司的文化却有待定义。正在这个时候，Graham 加入了 Facebook，她的使命就是对 Facebook 的文化进行系统梳理和定义。这样做的目的不仅是为了让外界了解 Facebook 的文化，同时也是为了在公司内部形成共同的价值观和文化特质。为此，Graham 开始问这两个问题：（1）在公司发展壮大后，我们希望自己成为什么样的公司？（2）在 Facebook 工作究竟是什么样的，就这个问题我们究竟该如何向外界谈论？

这两个问题后来在 Facebook 内部引起了很多关于公司文化的探讨。也正是这些探讨最终使得“黑客文化”成为 Facebook 有别于其他公司的独特文化。现在通往 Facebook 总部的大道已经被命名为“黑客大道”，而 Facebook 园区中心广场也已被命名为“黑客广场”。现在，“黑客文化”已成为 Facebook 文化中不可或缺的重要组成部分。

对于 Facebook 和 Graham 而言，公司文化主要就是要保持公司最初的特性，并让员工在公司快速发展的过程中能保持十足的干劲和创新意识。因此她在工作的过程中会让尽可能多的人参与到文化建设的过程中来。

"80%的公司文化都是由公司的核心领导层定义和决定的。一家公司几乎能够反映出公司创始人/核心领导层的所有特点，包括他们的个性、强项和弱项等。"

在 Facebook 发展初期，公司创始人马克·扎克伯格曾向其他很多公司的 CEO 咨询了很多方面的内容，包括这些公司在发展初期的文化建设方法，以及如何向外界解释在一家公司工作意味着什么。从与其他公司 CEO 的交流中，扎克伯格得到的极为有用的一条建议是：列一张简单的清单，在清单上把成为 Facebook 一员意味着什么说清楚。

"你应该时时刻刻都在谈论你想创建的文化。要真正这么做。"

文化建设不是一劳永逸的事。你必须要在各种场合去谈论你希望创建的文化，包括在会议上和在你发的邮件内容里。对于公司创始人或 CEO 更应该如此。即便普通的公司管理人员，他们也必须将其视为自己工作的重要组成部分。

正如文中所提到的那样："80% 的公司文化都是由公司的核心领导层定义和决定的。"

"一家公司几乎能够反映出公司创始人/核心领导层的所有特点，包括他们的个性、强项和弱项等"。如果你现在就已经开始在有意地定义公司的文化，那么首先要参照一下你自己，进行一次自我认知的练习。如果你不是公司的创始人，那就参照一下公司曾经的 CEO 和那些参与公司创建的人们。虽然公司大部分的文化由创始人塑造，不过后续的领导者必须让它得到演变和进化。经常谈论公司希望创建的文化且身体力行，这个工作只能由公司管理人员亲自去做才有效果，不能由别人代为完成。就像在池塘里扔入一块石头会激起一层层的涟漪一样，公司创始人说了什么之后，其他人就会立刻开始模仿。在 Facebook，扎克伯格今天如果说了或谈论了什么，第二天，他说的内容就会出现在公司内部的文化墙上。

最后，企业的个性面向市场的释放，需要企业管理者与宣传公关团队的配合。公关团队需要学会利用多种多样的传播工具以及热点事件对企业个性进行充分的营销，引起广泛的关注，最终引发员工以及用户心中的共鸣。

冰桶挑战就是一次如此大规模的公关活动。这场活动的导演是每个企业的公关团队或者管理者，而最终的演员则是那位被浇上冰水的人。企业的公关团队要时刻关注热点事件，及时地传播企业的个性，而管理人员则需要不遗余力地展现自己的个性——作为企业的代言人，他们就是企业个性的体现。

ALS 冰桶挑战（ALS Ice Bucket Challenge）2014 年 8 月以来在科技圈颇为盛行。这是一种为罕见病“肌萎缩性脊髓侧索硬化症（ALS）”筹款而发起的接力游戏。“冰桶挑战”的规则是，受邀参加挑战的人浇一桶冰水在自己身上，并拍下视频上传到社交网络，然后再点名邀请 3 人继续接力。被点名的人如果在 24 小时之内没有完成这个任务，就需要向 ALS 协会捐款 100 美元。

迄今已有超过 1500 万人在 Facebook 上讨论“冰桶挑战”，这个活动早在 6 月份就开始了，只是最近两周因为名流的加入而热度剧增，将曲线拉到了几乎笔直的角度。

随着雷军、周鸿祎、李彦宏等光环加身的大佬们相继宣告加入，“冰桶挑战”似乎也有风靡中国社交网络的势头。不过，与美国人乐在其中的纯粹精神不同的是，中国科技大佬们的行为，看上去都“有所图谋”，目的性表现得极强。比如周鸿祎就拖沓了近三分钟的时间，用作自我宣传；而果壳网的创始人姬十三更是将果壳的品牌 LOGO 和 SLOGAN 放到了 GIF 图片的最后，直白的做了一场硬植入。

据说本周开始，许多互联网公司的公关部门都开始忙活起来，一边试图说服领导做出身体上的牺牲，一边设法让领导名字出现在点名名单里，抓住热点进行企业营销。

和 ALS 以及同性恋游行一样，新时代的企业通过各种各样热门活动的参与——甚至是主动制造热门活动来塑造和传播企业的形象。每一次这样的活动，都不是随性而来的，需要经过公关团队与管理者的密切配合，以便完整地展现企业特性，使得这种个性能够被更多的人所熟悉。

通过以上三点，一个新时代的企业灵魂可以初具规模。

当然，企业灵魂的变革是企业整个基因突变中最为困难的一个环节，需要的是领导者强大的智慧以及优秀的组织策划能力，灵魂的形成并非一朝一夕，但却不可或缺。

4.3 打造动物型的组织 2——建立企业的神经系统

曾经有人说过，在互联网时代，唯快不破。快速反应并不是当今时代企业成功的唯一标准，但却是考核企业是否能够适应生存的重要因素。而要实现企业的快速反应，其中重要的一条便是建立"神经系统"。

神经系统是动物和植物最为重要的区别之一。

对于动物来说，神经系统是由脑、脊髓、脑神经、脊神经和植物性神经，以及各种神经节组成。大脑是企业的灵魂，而神经则是将外部感官与内部灵魂相连通，并最终协调体内各器官、各系统的活动，使之成为完整的一体，并与外界环境发生相互作用的较为重要的器官。缺乏灵魂的人被称为植物人，而缺乏神经的企业，则是瘫痪的企业。

神经系统较为重要的作用是传递信息，而这种传递必须是快速的、真实的、有效的。

对于企业组织与管理而言，较为可怕的现象是组织与管理只面向企业内部。传统的管理与组织方式，针对的是提高企业的效率，他们倾向于"把事情做对"。但是，互联网时代，一切都瞬息万变，做好手里的事，已经不是企业较为重要的活动，而做出正确的决定，却可以改变企业的生死。如何做出正确的决定，需要的是企业能够正确的对外部环境做出判断，需要企业具有一个强大的大脑以及快速而准确的神经。

神经系统首先需要保障企业的大脑能够接收到准确的信息，同时能够对各种信息快速的做出反应。事实上，传统企业也强调如何实现对外部环境的反应，比如日本著名的管理学家稻盛和夫提出过自己的看法——利用阿米巴的力量。

稻盛和夫是从一线技术攻关的大头兵起步，在松风工业快要倒闭的时候，冒着当“工贼”的风险，一心研究新产品，结果给公司带来了滚滚订单。他明白，公司的发展，不靠高层管理的高瞻远瞩，也不靠总裁的英明果断，而是靠现场的关键员工，发奋努力把工作做到极致。

几个因素的综合，使得稻盛和夫有一天突然产生一个想法：既然我一个人能够管理 100 名员工，而一些中层人员也只能管理 20、30 人，为什么不把公司分解成若干小集体，放权给这些小集体让他们自己管理呢？

稻盛和夫联想起在鹿儿岛大学学习的阿米巴，阿米巴又称变形虫，虫体赤裸而柔软，其身体可以向各个方向伸出伪足，使形体变化不定，故而得名。变形虫最大的特性是能够随外界环境的变化而变化，不断地进行自我调整来适应所面临的生存环境。他很兴奋，就用阿米巴来形容他的小集体管理。

稻盛和夫还进一步想：既然要把公司分解成若干个小集体，何不让这些小集体独立核算呢？从这个思路出发，阿米巴成为在经营实践中一个重要的经验，它让经营者能更加有效地经营企业。从此，阿米巴经营不只是在京瓷和 KDDI 发展到今天这个规模的巨大的原动力，在日航的经营改善中也发挥着巨大的作用，至今已经有 400 多家企业导入了阿米巴，其中有不少企业已经成功上市或者准备上市。

阿米巴的力量是来源于稻盛和夫的小团队的力量，通过大量的小团队来加强对外部环境的观察力与处理能力。

然而，进入互联网新时代，新型企业改变了传统的神经打造方式。这种改变，体现在三层重要的表现上。

一、新时代的企业实现了"电"神经的更新换代

动物神经的传导来自于"生物电"，而互联网时代动物型企业的神经传导则是来自于"互联网"技术。

在传统的信息传递流程中，企业基本遵循上传下达的流程：客服人员、市场部门通过电话、街头调查等方式收集用户意见，然后将其传达给上层经理，再由经理将信息过滤后递交给企业高管，而高管又需要较长时间继续处理。整个流程非常长，效率也慢。而互联网时代，企业的每个人都是对外的接触点——他们通过互联网的手段，颠覆传统的市场调研流程，使得企业管理人员可以直接接触到顾客的真实想法。

在小米公司，研发人员直接通过社会化媒体了解消费者。2010 年，小米公司在研发 MIUI 操作系统的时候采用了"众包"模式：通过与小米论坛上的粉丝互动收集意见，每周快速更新版本，做出产品改进。小米手机的研发也延续了这一模式——在手机新功能开发之前会通过论坛提前向用户透露一些想法，或者在正式版本发布前一两周，让用户投票选择需要什么样的产品。

小米手机的无锁刷机系统功能就是这样诞生的。一开始，小米公司并没有打算提供这样的功能，因为这有可能给公司带来相应的后续服务上的麻烦。然而，在研发过程中，不断有发烧友在小米论坛上呼唤：小米手机应该提供自由刷机系统功能。小米手机尊重了用户的需求，在最终版本中为用户提供了自由更换系统的功能。

另一个案例则是小米手机的输入法。一开始，MIUI 系统采用的是安卓原生的输入法。过了一段时间，许多用户投票决定，他们更喜欢搜狗输入法，于是小米手机将其更换为搜狗输入法。半年之后，由用户自主发起第二轮投票，大多数用户支持不放置任何输入法，由他们自己选择装什么样的输入法。于是，小米手机干脆不装任何输入法！

这种模式不仅短、平、快，尽可能多的将问题暴露在上游，降低了产品风险。更重要的是产品的研发过程就是一个营销的过程，这种方式帮助小米探测到了用户最真实的需求。

这波最初由小米论坛产品研发阶段积累起来的“发烧友”后来成为小米手机忠实的核心用户，也成为帮助小米手机开展口碑传播的意见领袖。这几乎是最低成本的推广方式。“过去两年基本上没有花过一分钱打广告。”黎万强说。

这种互联网组成的新神经系统已经变得如此重要，不少新时代的企业甚至将这种神经能力变为能够在新市场取胜的重要手段。大量的互联网公司自己开发适合自己企业现状的协作产品，以期望实现较为快速的“神经反应”。

Google 公司的 CIO 职责就是帮助公司找到较有效率和前沿的协作工具——他们不仅外部购买很多的工具，还亲自动手建设。

在办公工具方面，Google 开发了大量的协作产品，让员工使用内部工具。据 Google 现任及前任员工称，Google 自己开发但并未商业化的软件是 Google 较好的产品之一。例如，Moma 是一个内部目录，可以实时更新每位员工正在开发的项目信息；Trips 是一个深受员工欢迎的旅游软件，能够向员工派发机票和优惠券。另一个广受员工赞誉的内部产品是 Google 视频会议系统，即 GVC（Google Video Conferencing）。一套 GVC 系统包含一个可显示公司日历的触屏平板、一到两块屏幕、麦克风、扬声器、摄像头以及遍布所有会议室的遥控器。该系统运行的是 Chrome OS，支持 Google Apps，参会人数最多可达 30 人。目前正在使用中的 GVC 系统共有 7000 多套。

Google 员工希望能够将 GVC 系统推广到市场上，所以，消费版 GVC 系统——Google Hangouts 诞生了。这就是一个典型的把内部产品打造成消费产品的例子。

通过各种各样的工具的帮助，团队上层能够很容易地了解每个员工目前的工作情况，监督他们的进度，而员工也能快速地将生产中的问题进行反馈，并最终实现正向的循环。

二、新时代企业的第二步是提升每个神经细胞的工作能力

每个员工不仅仅是螺丝，而且是具有独立处理能力的个体。互联网时代的企业对于员工的招聘以及员工工作效率都有着全新的考核标准，并通过小团队的运作方式，极大地释放和刺激他们的潜能。

Google 的员工管理方式

Google 自创立的那一天起，就把发现人才、吸引人才、培养人才和重视人才视作最为重要的管理理念，因为只有世界一流的人才才能为公司创造最大的价值。

重视人才的一个较直接的体现就是管理者要善于雇佣高水平的人才。在 Google，每一个管理者较为重要的一件事情就是招聘。有一次，记者问公司的首席执行官施密特，未来公司的成长瓶颈是什么？施密特当时不假思索地立即回答道："我们能不能够继续找到世界一流的人才。"

Google 公司坚信：一流的人雇佣一流的人，二流的人雇佣三流的人。因此，公司强烈鼓励员工推荐自己认识的高手加入。公司有一半的人都是经过员工推荐进来的。最近，为了鼓励大家帮助一个新成立的部门招募人才，公司更是推出了诱人的奖励政策：只要你能成功地推荐 10 个人进入这个部门，就送你一辆车！

众所周知，Google 的面试机制既严格、精密，又充满了 Google 特色。对于面试，Google 采取了极为严谨的态度，使用统一的、经过精心设计的面试流程。在招聘方面，每个团队的主管经理或招聘经理并没有最终的决策权。因为公司担心每个经理会因为自己希望尽快充实团队而放松了对招聘标准的把关。"招聘小组"和公司的"副总裁小组"最终决定录用名单。一直到这时候，各团队的主管经理才能来"争取"这些"应聘成功者"。同时，

每一个刚加入 Google 的新员工也会根据个人爱好提出自己希望从事的工作列表，公司则会把那些较合适的人分配给最需要他们的部门或项目组。

另一方面，Google 也很重视人才在公司内部的发展情况。公司放权给每一个员工主导自己的工作。公司没有“打卡”制度，每个人上下班的时间基本上由自己决定。在 Google，所有员工是平等的，资深人员基本上没有“特权”，项目主管和技术经理依然要亲自参与具体的技术工作。在公司内部，任何人都可以找任何人谈任何话题，可以发电子邮件给任何人。一个平等的公司可以降低公司内部的信息阻塞，增加所有员工的主人翁精神。

Google 的人才流失率不到 1%，相比之下，美国硅谷的平均人才流失率约为 20%。这是因为 Google 非常重视发挥人才的特长，为他们提供优越的办公环境，以便留住这些优秀的人才。

Google 顶尖编程高手 Jeff Dean 曾发明过一种先进的方法，该方法可以让一个程序员在几分钟内完成以前需要一个团队做几个月的项目。他还发明了一种神奇的计算机语言，可以让程序员同时在上万台机器上用较短的时间完成极为复杂的计算任务。

同样，苹果公司的前任 CEO 乔布斯常说，一个 A+水准的团队，可以轻松击败一个更庞大的 B 级或者 C 级的团队。这个理念在他 1983 的演讲里也得到了体现。“我们相信卓越现象，也就是说，1 个卓越的人可以轻松超越 5 个不错的人。这种人也是苹果想要的人才……他们都很独特，是这个世界的艺术家。所以相比我们的收入规模来说，我们一直维持着非常小的团队规模。我们的销售额很快就会突破 10 亿，但是我们在全球只有不超过 5000 个雇员。这就是卓越现象。”

事实上，在工业时代，一个优秀技工和一个普通技工的效率差异可能是 30%，但在信息时代，一个高级程序员和一个普通程序员的效率差异可能高达 10 倍以上。在《三星新经营》一书中，李健熙这样写道：“一个天才能够养活数百万人，而创造力是企业成功的极重要的助推器，因此我们需要雇佣较好的人才。”为了吸引高素质的人才，李健熙率先在韩国实行了年薪制和绩效制。

毫无疑问，新时代人才对公司有非常特殊的意义。公司必须善于追踪、挖掘、聘请、评估、培养、重视和留住这样的人才，并总是把与人才相关的工作视为公司最重要的任务之一。因此，新时代的企业从企业的内部、外部都更加关注每个人的成长，给他们提供优越的环境，让他们能够发挥出100%甚至120%的力量。

当具有高能力的人才足够多时，企业便可以依靠小团队实现传统时代需大型团队才能完成的任务——并拥有比大型团队更加快速的决策与执行能力。他们拥有独立的思考能力，企业的职责就是将人才的能力完全的激发出来，并组织各种资源来帮助这些人（小团队）来实现他们的目标。

比如亚马逊就创造了两个披萨原则的开会制度——即与会人数不能多到两个披萨饼还不够吃的地步。因为贝索斯认为参与的人数越多，会议的效率就越低下。大多数与会者最终将会与别人达成一致意见，而不是发表自己独特的见解或想法。

贝索斯把披萨的数量当作衡量团队大小的标准。如果两个披萨不足以喂饱一个项目团队，那么这个团队可能就显得太大了。人的大脑无法处理太多人的意见，人多的结果往往导致人云亦云，无法凸显个人的独特想法。较少人参加的会议往往能够取得更好的效果。那么，两个披萨够多少人吃呢？可能也就是六七个人。

贝索斯发现，"两个披萨原则"有助于避免项目陷入停顿或失败的局面。领导人需要慧眼识才，找出能够让项目成功的关键人物，然后尽可能地给他们提供资源，从而推动项目向前发展。让一个小团队在一起做项目、开会研讨，更有利于达成共识，促进企业创新。

事实上，亚马逊一直践行着小团队的管理主张。比如亚马逊云服务的CTO沃纳·沃格尔（Werner Vogels）曾经在采访中说到："值得注意的是，在亚马逊我们坚信独立小团队的力量，并相信这种力量可以扩展到领导层。

我们是个代表客户的创新团队。如果一个人着重培养创造力并工作在新思想受欢迎的环境中，那么任何人都可以成为有远见的人。” 而这种能力保证了亚马逊网络服务（AWS）在竞争中始终领先两步。

优秀的人才与小团队成为了新时代企业组织系统的重要组成，他们成为了动物型企业神经系统能够顺利工作的切实保障。

三、通过改善每个神经节[①]来提高神经系统的协调和组织能力

组织架构设计是企业的不同功能在组织中的一个映射，扁平化、灵活多变的组织设计理念是互联网企业能够提高神经系统快速反应的基础。不同的组织架构也反映了这些互联网公司不同的文化和风格，如图 4.5 所示。

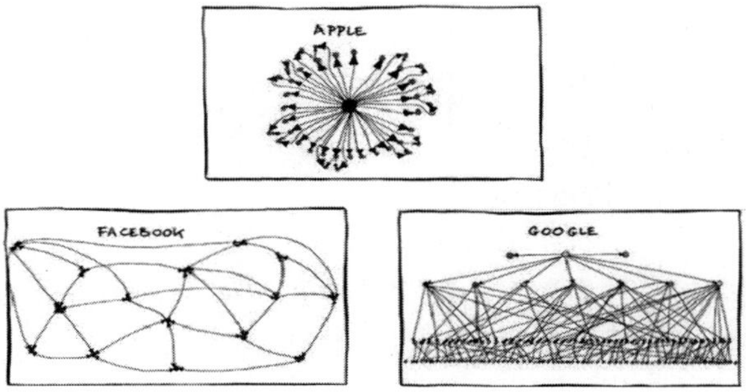

图 4.5　不同的文化和风格

在这些互联网企业中，无一例外的是将整体的层级进行了调整——企业高层与基层用户之间的对接变得更加容易。比如，Google的扁平化架构，他们总是选择那些较为优秀的经理人来完成管理和招聘工作，同时尽量保持经理队伍在人数上的精简，以便让管理结构更为扁平。无论是经理还是普通员工，都可以在这样高效率的组织结构中充分发挥特长。甚至为了扁平化，Google会放弃小团队的理念，转由由部分经理直接管理100多人的大型团队——这种扁平化依靠的是精英的管理人员与开发人员。因为这些经理人都非常优秀，这种扁平的管理方式实施起来并不很困难。

① 神经节是功能相同的神经元在中枢以外的周围部位集合而成的结节状构造。

当层级减少后，团队能够更加接近企业的核心目标。于是与扁平化相适应的，大量扁平的组织采用了新型的考核模式——OKR 模式。OKR 源自 Intel，并在 Google、Linkedin 等公司实施，该人理念正在科技企业中广泛流行。O = Objective，可以理解为企业目标；KR =Key Results，可以理解为关键结果。浓缩在一起就是"为确保达成企业目标的关键结果分解与实施"。

OKR 主要的目的是为了更有效率地完成核心的目标任务，目标管理的终极观念是：企业在任何时刻都应该以"终极目标"作为企业目标，剩下的只是分解目标、进程控制和组织资源，并且依据项目进展来考核的一种方法。它的主要流程是这样的一个循环：

1. 明确项目目标；
2. 对关键性结果进行可量化的定义，并且明确达成目标的/未完成目标的措施；
3. 共同努力达成目标；
4. 根据项目进展进行评估。

而对于国内来说，更熟悉的其实是 KPI（Key Performance Indicator），即关键绩效指标。而 KPI 的流程则是这样的：

1. 进行人事组织；
2. 确定影响结果的关键性因素，并且确立 KPI；
3. 对关键绩效指标进行检测，并且进行实时监督；
4. 对有错误行为的人进行监督，更甚者开除。

通过两者的对比我们能够看到，OKR 主要强调的是对于项目的推进，而 KPI 主要强调的是对人事的高效组织。前者要求的是如何更有效率地完成一个有野心的项目，而后者则强调的是如何保质保量地完成预定目标。

在 Google，季度 OKR 评分只要几分钟，每个人都能在员工资料库中看到全体员工的 OKR，工程师也能看到 CEO 的 OKR。为了确保全体员工步调一致，保持 OKR 的透明度非常重要。但 OKR 评分在 Google 并不作为晋升依据，只是为帮助了解项目完成进度。

对于拥有大量优秀员工、扁平化结构的小团队而言，不同部门之间的协调是实现整个企业协同发展较为重要的一步。大量的新时代企业在发展壮大之后，都对企业内部的沟通与协调给予极大的重视。比如 Google 专门设立了内部沟通部门，负责管理和协调各个部门之间的关系。

这种协调，首先在于在寻找优秀人才的时候，关注企业人才的团队精神。

在 Google，工程师们之间的竞争是自然的，并且他们难以容忍那些积极或学识不如自己的人。但几乎所有的工程项目都是小组项目，因此小组中一旦出现头脑聪明且顽固不化的人，则对于整个工作是致命的。

如果我们在一封推荐信中看到“我所见过的最聪明的人”以及“我再也不想跟他们一起工作”的字眼，那么我们绝对不会通过他们的提议。我们普及同级人员面试的原因之一就是为了确保小组成员热情欢迎新成员的加入。

其次，企业管理层必须清楚自己的目标，并对不同的项目进行取舍。

一个好的工程师通常坚信自己能够开发一套比现有系统更加完善的系统，并且以“创建而不购买”为信念。当然，他们或许是正确的，但我们却必须时刻关注这些项目，必要时在多个项目和产品中做出取舍。

除了做出重要的协调决定外，协调部门还负责与企业各个小团队之间的接触与沟通。

正是因为拥有“电神经”互联网工具、“优秀的细胞”、践行小团队的理念，以及提升神经节协调能力的扁平化的组织和专门的协调部门，新时代的企业才能够在互联网变化多端的环境中，打造效率极高的“动物神经”系统，使得公司在浮浮沉沉的科技浪潮中始终保持活力。

4.4 打造动物型的组织3——提升系统化运作能力

生物体是一个统一的整体。

动物体首先是由细胞构成的，细胞是构成动物形态结构和功能的基本单位。形态相似和功能相关的细胞借助细胞间质结合起来构成的结构称为组织。几种组织结合起来，共同执行某一种特定功能，并具有一定形态特点，就构成了器官。若干个功能相关的器官联合起来，共同完成某一特定的连续性生理功能，即形成了系统。比如人类，就拥有神经系统、消化系统和生殖系统等9大系统。

动物和植物都拥有细胞、组织与器官。但植物没有系统的概念，仅仅是通过各个器官的相互协调实现自我功能。而动物在器官的基础上，继续衍生出了系统。系统的出现，使得动物的功能结构更加复杂。拥有系统，是动物和植物的重要区别之一。

细胞—组织—器官—植物体

细胞—组织—器官—系统—动物体

植物是由器官直接组成的。而众多的器官主要是为了完成植物赖以生存的功能。与植物类似，植物型企业的各个部分也是为了完成企业某一生产目的而存在的。比如汽车企业的功能是能够生产汽车，因此企业内所有的部门都是为生产汽车这一目的而存在的。他们就如同植物的器官，相互协调完成某一特定功能。

相对于植物型的组织，动物型的组织同样有其目的性，但是这种目的却不仅仅是用功能可以衡量的。

比如最近流行的特斯拉，尽管同样是生产汽车，提供的服务也是以汽车为主，但是特斯拉的目的却并不仅仅只是汽车——而是构建一套电动汽车的生态体系，为此特斯拉有硬件、有软件。为方便其他人使用，特斯拉开源了自己的汽车操作系统，研发了电池快速充电、更换的技术，并开放了相关专利。相信还会有更多的动作，而这一切的原因，是因为他们的目的已经不再是简单的维持生存，而是开拓一片新的领域。

正如特斯拉一样，对于动物型企业，不论企业的最初目的是不是简单的生存竞赛，在企业发展的过程中，动物型的组织早已经不仅仅只是完成单一的功能，而是具有复杂的目的性。这种复杂性使得企业的内部如同动物体内的系统一样，存在多个不同功能的系统。这些系统看上去极为独立，但在最终完成企业目的的过程中，却各自都拥有不可或缺、不能被外部替代的作用。

企业的系统不同于企业组织架构设计中的事业部或者是事业群，判断动物型企业的内部系统时，首先就是不可或缺性和功能的独立性。

阿里集团在2013年进行了两次重大的调整：上半年将集团调整为7大事业群，分别是淘宝、一淘、天猫、聚划算、阿里国际业务、阿里小企业业务和阿里云。下半年，阿里巴巴再次将这7大事业群调整为25个事业部。但对阿里而言，他并不是拥有 25 个系统。不管历次调整的部门如何设置，阿里巴巴不可或缺的系统只有三个：大淘宝、阿里巴巴、天猫组成的电子商务，以支付宝为核心形成的金融以及阿里云扩展形成的数据及 IT 支撑系统。所有附着在这三块业务上的事业部，与宿主一荣俱荣，一损俱损，不会走出独立行情，这就是在阿里体内的三大系统。

在阿里巴巴的整个体系里，电子商务系统、支付系统与支撑系统三者互相依存，密不可分，是阿里打造商业生态体系不可或缺的组成。 想象没有支付宝的淘宝，将会是什么样子？而为了健康的实现其目标，三个部分必须掌握在企业自己手中，这也是互联网企业常常上演各种领地争夺战的原因——由于该系统的不可或缺性，企业必须自己建立该系统，否则就如同要依靠外部设备维持生命的病人，无法真正健康的成长。系统是企业为了实现其目标而不能放弃的部分。

其次，从系统内部来看，实现功能的流程通常是相对独立的，不会相互存在过多的交叉。不同的系统完成不同的功能，在完成此项功能之前，系统内部的部门不会有太多的交叉，而功能在输出的最后将会汇总。正如动物系统每个部分都完成自己独立的功能，每个功能本身单独来看都是具有独立性的——循环系统中一个器官的受损，不会影响到消化系统的功能实现。

设计极为独立的不同系统，这样做的好处是将系统内部的工作人员封闭在系统的环境中，他们能够更加关注眼前的事情，不容易被其他事情所左右。同时，这些员工也不会想去干涉其他员工做的事情，由此分散自己的精力。关注自己所属系统的输出，而其他部分交由上层策略决定，这是系统性企业对系统内部员工的要求。

乔布斯时代的苹果就是把这种相对独立性做到极致的企业。

苹果公司的组织结构也如同水果一般，呈环状结构，如图 4.6 所示。管理层各部门直接与乔布斯相连，底层员工直接与管理层相连，CEO 处于整个圆环的核心，各种任务由 CEO 直接下达给各管理部门。

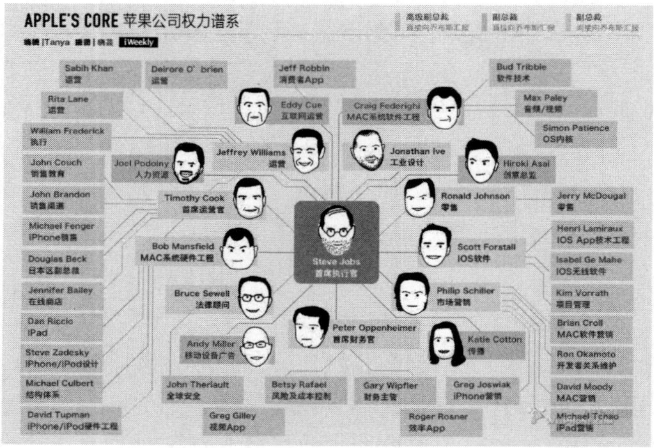

图 4.6　苹果公司的组织结构图

清晰的系统设计，要求公司的高层能够对每个部门做出清晰的规划，以及设定极为清晰的职责和目标。这样做的好处是，首先简约的组织结构和决策分权方式，带来了各分支机构拥有极高的自主权，提高公司信息传递与行动的速度。同时简化了部门管理范围和职责，更加关注自己的本职工作，而作为企业大脑的高层则更加专注于公司战略决策和战略规划，以及设计核心的产品。

其次，清晰的产品职责和联系环节，使得苹果公司能够实现快捷的服务。对于系统内部的员工而言，整个公司的损益并不作为不同系统工作人员的业绩凭证，每个员工只需专注于自己的工作和职责。

最后，独立性的提高也保持了公司极好的保密性，公司的战略目标和企业机密将很难泄露。苹果公司的保密制度正是这种独立性的较好体现。苹果的保密制度不仅仅是对外部的竞争对手和新闻媒体，同时，在企业内部不同的部门、不同的团队之间，也恪守着严格的保密制度。不同团队的员工甚至不知道其他团队的员工在做什么。

苹果内部：美国较受尊敬和较保密的公司如何运作

当木匠进入办公区的时候，苹果员工就知道有大事要发生了。木匠迅速修起了新墙，安装了门和新的安全设置。过去透明的窗户现在已经不再透明，其他房间则根本没有窗户。这被称为“禁闭室”：没有合理原因，任何信息不得流入或流出。

苹果的保密工作分为两部分：对外和对内。很显然，苹果通过保密使其产品和做法不被竞争对手和外界获知。产品保密可以被员工理解，因为很多公司都在秘密创新。但是以这种神秘的墙和限制区为代表的对内保密则令员工大惑不解。然而保密与生产力正是苹果对传统管理真理和透明理念作为企业优点而发起的挑战。

直到安全简报会，员工才明白为何如此，这是令所有苹果员工都无法忘记的一节课。我们可以称之为“恐慌中的沉默”。布切尔，这位曾经的 iPhone 营销高管回忆这一场景时说：“所有负责安全的人都会进来说，所有人都理解保密与安全在这里的重要性，下面我来解释一下原因。原因就是，苹果推出的产品，如果在推出之前一直保持神秘，那么届时会有大量的媒体报道与关注，这对公司具有非凡的价值。我记得她说，“这价值数百万美元”。所以不要忘记，泄露苹果秘密的惩罚，无论是有意还是无意，都很明显：立即解约。

苹果的保密措施在内部得到了严格的落实。苹果不遗余力地维护纪律。

一位前高管表示："有些事情必须非常、非常保密。我们曾参与过一个项目，我们在每层楼都安装了特殊的锁，并通过一扇又一扇的门将每个团队分隔开来。你必须签订特殊的协定，认定自己正在参与一个超级保密的项目，你不得与任何人谈论，包括你的妻子和孩子。"

苹果的团队被有意分开，有时是因为他们在不知情的情况下相互竞争，但更多的时候是因为公司希望他们专注于自己的业务。这种做法产生了一种额外的好处，那就是员工无法干涉他人事务，这样就有了更多的时间来专注于自己的工作。普通员工就像一匹被蒙了眼睛的马，苹果员工只会不断地向前，向前。

苹果员工和他们的项目就像是一个个拼图，整个拼图的全貌只有最高负责人知道。苹果并不存在其他大公司都拥有的组织结构图，因为这是员工不需要的信息。

当然，苹果员工也不需要组织结构图来了解谁拥有权力。苹果的高管团队，也就是一小部分 CEO 顾问管理着整个公司，一个不足 100 人的副总裁团队对他们提供帮助。

不同系统的严格独立性保证了这种保密性能够实现，而保密性也使得苹果公司的信息极少被提前公布。新产品在发布之前保持神秘不仅可以吸引用户，同时还使得这些具有独创性的新产品不会抢走现有产品的风头。如果消费者明确知道将有什么新品发布，他们就会推迟购买计划。比如，2011 年夏季，对于新款 iPhone 的期待影响了 iPhone 4 的销量。

保密对于互联网时代的公司而言具有重要的意义。在竞争激烈的互联网时代，企业信息的提前泄露会给竞争对手提供反应时间，提高用户的期待，并让公司陷入一些吹毛求疵的批评声之下。

当然，并不是所有的企业都需要对内部实现如此严格的保密手段。比如 Google、Facebook 这些企业的项目对于内部而言就并不那么神秘。在 Google，每个星期五都有 TGIF 活动，在该活动中，管理者会把最新的方向、信息、产品和决策等及时地介绍给所有员工。在总部，这个活动由两位创始人亲自主持。同时，所有员工和所有研发小组的工作进程、工作业绩都会在内部网上公布，每个人都可以看到其他人在做什么，做得怎么样。他们认为透明和客观的管理方式可以营造出公平的竞争环境，并进而较大限度地激发员工的创新热情。在公司内部，没有什么秘密的项目。所有的项目都放在内部项目管理系统中，所有的人都能够看到。公司会议任何人都可以来参加。但是和苹果公司一样，对于外部，Google 和 Facebook 同样有着极为严格的规定，比如所有的 Google 人必须保证对自己的工作守口如瓶，“连妈妈都不能告诉”。

在设计系统时，除考虑不同系统之间要有良好独立性与抗干扰能力外，不同的系统在功能上应具有促进与制约的能力是另一个需要考虑的问题。

植物型企业内部通常会分为前端和后端部门，其中部分部门会对企业进行内部控制——财务和监管部门对于前端部门的调控就是一例。

然而，对于动物型企业而言，这种促进与制约并不仅仅体现在部门权责的设计上。例如，动物各个系统的结构和功能各不相同，在动物进行各种生命活动的时候，各个系统并不是孤立的，而是互相密切配合的。比如，当动物进行剧烈运动的时候，不但全身肌肉系统的活动加强了，呼吸系统也加深加快，可以吸入更多的氧，呼出更多的二氧化碳；同时，心跳也随之加快，促进循环系统的血液更快的循环，输送给骨骼更多的养料和氧气，运走更多的废物。

正是由于每个系统的功能之间具有紧密的相关性和不可替代性，因此任何一项活动，事实上都充分体现出系统的整体性，都是各个系统协调活动的结果。系统之间通常会存在一荣俱荣、一损俱损的关系。比如，尽管消化系统的某个器官出现问题不会影响呼吸系统的功能，但是一旦消化系统整体出现问题，那么生物体就会逐渐出现营养不良、造血功能减弱、呼吸系统供血不足——功能之间具有天然的互相影响的特性。

因此，动物型企业的协调首先来自于对于不同系统的关系设计。在系统的输出功能上，必须具有一定的相关性，一个系统与另一个系统之间必须是紧密嵌套的关系——某系统出现的问题，可以被其他系统快速地发现，并监督其改进。而这种关系并不是植物型企业在设置部门时，仅仅由企业组织刻意安排的监督作用，而是来自于系统本身的天然需求。

动物型企业大多善于利用这一相互制约关系来设计系统。

比如支付宝和淘宝在功能上具有完全的独立性，这种功能的实现可以由系统内部独立完成。但支付宝的问题将会严重影响淘宝客户的使用体验，而淘宝客户的流失又会反作用到支付宝及阿里云。而另一方面，苹果公司的 MAC OS 以及 iTunes/APP Store 的用户体验又最终会影响 iPhone 和 MAC 的使用；还有亚马逊的 AWS 系统和电商系统。因此，不同系统尽管具有功能的完整独立性，但在设计的同时，也需要考虑应该使不同系统之间具有天然的相关性，使其相互监督、相互促进。

系统的独立性使得系统的责权清晰，而相关性又使得企业的输出能够保持良好的一致性。

由于系统之间天然的共生关系，使得不同系统之间天生就拥有与其他系统相互协调的需求，但这种协调通常是以点来实现的。正如动物体除了神经外，还有一个隐性的互相协调的手段——各种内分泌器官。通过内分泌器官的激素，能够快速地向外部传递系统情况的变化，以及需要其他系统进行调整的方向。

对于动物型企业，也有着各种各样的内分泌系统，来处理不同系统之间的关系和矛盾。这个内分泌系统必须有其影响力，能够将来自系统外部的信息在系统内部快速传递；同时协调点最好不要太多，否则有可能造成信息的混乱。由于企业的不同组织结构、不同系统的功能设置方式有差异，所以企业内部的协调策略也各不相同。

在乔布斯时期的苹果公司，对于不同系统之间的协调，统一由乔布斯自己担任。《乔布斯传》里提到："一想到完美的苹果软件在另一家公司出品的破烂电脑上面运行，就浑身不舒服。"乔布斯有自己对于不同产品的构想与信条。所以，苹果的软硬件产品必须具有极高的统一性，苹果从不将自己的系统授权给其他厂商，甚至也很少推出其他平台的版本。同样的，未经许可的软件，也不得在苹果的平台上运行。由于协调几乎由一人来把关，所以苹果必须使用保洁来保障协调拥有较低难度。因此乔布斯的主张是："你不可能让所有部分都完美，较好的办法就是去除那些不完美的部分。"

但是Google公司拥有更加复杂的产品线——软件、硬件甚至于通道，除了 Android、Google 和 Google 眼镜，现在还有 Google 气球项目来实现通信覆盖。这种云管端的复杂体系，使得协调很难由一个人完成，因此 Google 创造了一种方法来进行快速协调。在Google，每一个技术总监都不会和自己部门共享办公室，而是要和与他合作或工作重叠得较多的另一个技术总监分享办公室，这样就使两个人可以保持顺畅的沟通。

通过这种有效的点协调，不同的系统之间能够实现其输出功能上的完美统一，并向企业的最终目标不断靠拢。

植物系统的诞生是由种子一步一步演变而来的，而动物系统在成立之初就已经初具雏形，即使雏形只是在管理者的心中。具有创造性的远见是打造系统性的重要能力。正如小米的雷军所说："不要用战术上的勤奋掩盖战略上的懒惰。"

大量互联网时代成功的企业家们在建立系统的初期，就能够清楚地认识到未来 15 到 20 年可能发生的事情。比如比尔·盖茨对个人电脑的预测，乔布斯对于苹果商店和家用电脑未来形态的预测，以及马斯克对未来汽车形态的预测。

乔布斯在 1983 年阿斯彭国际设计大会上的演讲

1983 年，乔布斯出席了在加州召开的阿斯彭国际设计大会，会议组织者模仿了 1938 年爱因斯坦向未来写信的创意。在这场阿斯彭国际设计大会上，乔布斯发表了名为《未来不似旧貌》的演讲，在 30 年前的这场演讲中，乔布斯就预测并勾勒出了他眼中的未来世界——有 iPad、iTunes、App Store、互联网以及 Google 街景的未来世界。

当谈到电脑软件时，乔布斯批判了当时主流的软件购买渠道（其实也是当时唯一的渠道）的缺陷。想象一下，当时是 1983 年，可是乔布斯提出的解决方案看起来出奇的类似 iTunes、App Store 和 Mac App Store。我们需要一个软件的'电台'。我们也许会利用电话线来解决这一切……直接从一台电脑到另一台电脑。到时候，也许会有这样的对话：'我们给你提供 30 秒的免费试用，或者 5 次点击机会，或者你可以玩上 1 天。如果你想买它，输入你的 VISA 卡号吧。'我还不知道我们如何才能做到这一切，但是我坚信我们需要这样的'电台'。如今，iTunes Store 和 App Store 已分别走过了 20 年和 25 年，这些在线软件 Store 的核心原理都和乔布斯当年的思路相吻合。

"如今苹果的战略十分简单。我们要做一个书本大小的牛逼电脑，你可以随时携带，而且可以在 20 分钟内就学会如何操作它。这就是我们在未来十年要做的。而且我们还想在这个电脑里加入无线电连接，这样你不需要连任何线，就可以和所有其他数据库和电脑来交流。"虽然我们现在还办不到。不过现在这台电脑已经缩小得大概和面包盒差不多大了，价值 1 万美金，名叫 Lisa。"27 年后，它叫 iPad。

在一个 Q&A 环节里，乔布斯被问到了关于语音识别的事情。"语音识别是未来 10 年里挺美好的一个课题。它面临的问题其实不单单是如何识别语音，……但是他们都是什么含义呢？……亲，这玩意挺难。所以在我们解决它之前，你也只能憧憬着这个美好的未来了。"的确，Siri 的整体解决思路就是情境语音识别，这使得用户可以用正常的语言表达来发号施令。Siri 的确是一个"听懂你的语言"和"明白你的意思"的软件。

在会上，乔布斯还兴奋地预测了 Google 地图会用到的技术。

事实上，系统性是这个时代优秀企业的重要特征。这种系统性的打造，需要的是企业的管理团队更加具有长期的战略眼光。在远见之后，则是多维度对该事物的思考：去实现梦想所需要的各个部件——不可或缺的关键系统分别是什么，如何形成对功能有效的分割，如何形成系统之间有效的关联？一套优秀的系统最终实现可能需要较长的时间，而同时，筹划则需要管理人员有极大的耐心与思考能力。

4.5　打造动物型的组织 4——实现开放和捕食性

动物型企业复杂的目的性，导致了企业本身很难成为一个单独的生产型企业，外部的快速变化使得企业为了实现目标必须常常从外部汲取能量。与植物型企业长年通过原料，加工、生产产品不同，动物型企业通常是捕食性的，他们对外部具有极强的依赖性，甚至很多动物型的组织会圈养起一片领域——打造生态圈，是他们通常对这种“圈养”给予的名称。

清科研究中心发布了一份《2014 年中国互联网行业并购专题研究报告》。报告指出，2013 年互联网行业涉及并购金额达 27.51 亿美元，比 2012 年的 2.69 亿美元暴涨 922.7%，而市场的买家主要是百度、阿里巴巴和腾讯三大龙头企业（BAT）。

动物企业的捕食性体现在哪儿？

首先，动物型企业规划自己目标的时候并非以生产为主，而是以功能为主，这使得动物型组织跳出了植物型组织必须要获取材料、组织生产、提供服务的圈子。例如，对一家传统出租汽车公司来说，要想增加一辆出租车，就需要以较大的成本获得一辆汽车和牌照。而新时代企业则并不考虑汽车本身，比如 Uber——搭建平台吸收私家车。因此新型的企业甚至不必承担生产的成本，几乎不需要成本就能增加一辆出租车，只需通过网络协调使人们分享他们的汽车即可。

这种跳出圈子的思考方式给动物型企业带来了很多优势。在经济学中，产品的成本可以分为两部分：第一部分是设立成本，即生产第一个产品所需的团队和工具的组建；第二部分被称为边际成本，即生产第二件产品新增的成本。

对于传统企业而言，几十年来都在集中力量提高生产率和降低边际成本，使公司以更低的产品/服务价格来赢得顾客。使用这种方法的一个典型案例是丰田汽车，它通过精益制造完全再造了汽车生产流程，使日本汽车比通过传统装配生产线制造的美国汽车生产得更快，降低了消费者的成本，缩减了像福特这样汽车生产商的利润，从而改变了整个汽车行业。

然而，动物型企业的成功不是优化生产，而是消灭成本。企业通过合作大规模降低产品或服务的生产成本，甚至是零边际成本，在这里商业核心流程的所有权让位于企业的开放性。AirBnB 正在做这样的事情，通过接近零边际成本的产出对传统商业和常规模式形成威胁。

正是因为这种思考方式的转换，公司组织对外的合作性变得更加重要。企业秘密需要严格的保护，但同时企业必须善于吸收外部的优点，打破传统的观念——有价值的内容可以同时从企业内部和外部获得，商业化的路径也可以同时从企业的内部和外部进行。因此企业必须通过搭建开放的窗口，才能在一个边际成本日趋于零的经济中存活。

腾讯的组织改革与开放

在 2011 年 6 月的合作伙伴大会上，马化腾发表了"关于开放的 8 个选择"，并宣布第一阶段目标是打造规模最大、最成功的开放平台，扶持所有合作伙伴"再造一个腾讯"。

腾讯将从原有的业务系统制（Business Units，BUs）升级为事业群制（Business Groups，BGs），把现有业务重新划分成企业发展事业群（CDG）、互动娱乐事业群（IEG）、移动互联网事业群（MIG）、网络媒体事业群（OMG）和社交网络事业群（SNG），整合原有的研发和运营平台，成立新的技术工程事业群（TEG），并成立腾讯电商控股公司（ECC），专注运营电子商务业务。

马化腾在发出的全员内部邮件中表示："大家都知道，腾讯的立业之本是我们的 IM 平台。过去的组织结构，都是从这个平台上"长"出来的，都是从这棵"榕树"衍生出来的枝枝杈杈。可是，虽然枝杈变得越来越多并且落地生根，但这还只是一棵树。面向未来，我们必须要向互联网更高的境界迈进。我们需要去构建一个生态系统，与合作伙伴一起培育一片森林。以前，我们主要是在公司层面思考，将来要更多的从产业层面思考。"

通过这次架构调整，公司一方面在各个专业领域深耕细作，打造用户平台；另一方面培育产业链，让合作伙伴更好地找到共赢点。几大 BG 平台必须进一步扩大开放范围，提升开放能力。当我们有明确的方向，并且不断强化开放的能力，来打造开放平台时，我们才能真正做到开放协同、产业共赢。

这种开放意味着付出——企业必须学会分辨能力中不太核心的部分，并将自己的一部分能力与外部能力进行低价甚至免费的交换，来获取外部能力的参与。比如马斯克开放了特斯拉的专利，相对于专利而言，特斯拉更看重企业的生产设计。而通过这种开放，特斯拉也可以推动汽车行业生产更多的电动车。

“我们的所有专利都属于你”——马斯克博客

“就在昨天，特斯拉专利还被封闭在我们帕洛阿尔托的总部内。从今以后，这种局面将不复存在。我们本着开源运动的精神，开放了我们的专利，目的是推动电动汽车技术的进步。”

2014 年 6 月 12 日，马斯克在与记者的问答环节中称，目前正在考虑开放的专利包括了电池动力系统与汽车其余部分如何整合的相关的专利。马斯克暗示，他决定开放特斯拉专利的一个原因就是让电动汽车实现更大规模的经济。比如，特斯拉的超级充电站专利将与其他汽车制造商共享，这将帮助特斯拉分担成本。马斯克周四分别在分析师会议上以及他的 Twitter 账户上宣布了开放专利的消息。他说，专利不应该有这么重要，“你想要快速创新，那么你之前的专利就会变得没有价值。”

这种开放某种程度上有点类似于捕食类动物的划分领域。不论是特斯拉的开放专利，还是 Google 的 Android 系统开源，这些企业都是通过开放自己的部分能力，来划分领地的。动物型企业在自己的后院开拓了一片领地——提供给能够给予自己帮助的动物和植物使用。这部分能力首先帮助企业建立了在该领域的话语权——打造相应的标准，同时又能够牢牢地控制住在这片领域不断繁衍的动植物。

其次，向捕食型企业转变需要改变组织内部的观点——对保守商业模式的打破，克服此处生产、此处销售的观念。对于企业系统中重要但不核心的部分，大量的动物型企业会选择通过外包，使得企业能够更加关注核心功能的建设。但正如前文所提到的，企业必须清楚，实现目标的系统是哪些。实现外包的部分，只能是企业系统中的一小部分——重要但不核心，如同企业的部分器官可以由外部替代，但整个系统必须由企业本身控制。

这种外部性使得企业的组织结构会因此发生极大的改变，对供应链的管理将成为企业重要的一环。供应链较难的是需求的预测和计划，无论采用多么先进的模型和方法，都只能是获得接近准确的结果。因此设立优秀的供应链管理方法和体系是企业新时代需要关注的重点之一。

此外，设定严格的标准并对供应链严格控制，是新时代的企业需要关注的第二点。第一代的小米手机就曾经因为供应链的质量问题而饱受质疑——一条质量不合格的供应链就如同吃下了不卫生的食品，小则消化不良，大则伤筋动骨。拥有良好的供应链质量把控对于动物型的企业格外重要。

苹果公司对供应链的严格管控

苹果有一整套管理和控制措施，以对整个供应链的运行质量和标准管理，帮助各个环节优化、创造价值。

从挑选代工制造商开始，苹果就秉持了极其审慎的态度和超高的标准。在选择供应商时，苹果美国总部会派出专门团队到工厂考察，考核项目众多，要求严格。苹果只对占据所属加工业前五名地位的制造商感兴趣。

一旦选择了供应商，苹果对代工厂商的控制力就开始体现出来。从厂房的规划建设到如何培训工人，再到生产监控所需的计算机系统和软件、原材料，代工厂都会得到苹果的建议，而且这种建议是带有强制性的。有时，苹果甚至会指定原材料的供应商和尾端外包的代工厂。

凡被苹果选中的代工厂商，都必须使用苹果指定的生产设备，以保证每一个产品模具的质量。苹果选定代工厂商以后会进行试量产，每次试量产的时间持续长达两三个月，根据产品结果重复进行 4 到 5 次，以给代工厂商充裕的时间提升产品品质。苹果相信，只有了解一线的情况，才能保证产品质量，并防患于未然，及时应对。苹果有一支非常庞大的驻厂工程师队伍，仅在富士康工厂就有近 5000 名驻厂工程师，负责保障苹果产品一流的质量和生产效率。

在供应环节，苹果做到了细节上的无缝把控。苹果在管理供应商的过程中遵循一个原则，即必须完全控制手机生产的每道环节，要了解每一个元器件的来源、研发、生产和测试等过程。

为使苹果和供应商能获得准确的信息流，苹果设置了与富士康等零部件供应商共享的关于生产计划和进程的数据库。形成了一种端对端的、共享、动态的伙伴关系网络，极大地加速了苹果和供应商之间的沟通，使得苹果的供应链具备更大的伸缩性和敏捷性。

最后，收购和吞并是第三条动物型企业的捕食手段。而这种手段通常是针对关键核心功能和技术的，动物型的组织更加喜欢通过并购的方式直接将这些核心部分纳入体系内部。例如，自成立之初，Google便一直从外部寻找各种灵感，以便拓展新的业务方向。这家搜索巨头收购的公司数量连创记录。仅 2014 年，Google 就收购了 25 家公司，平均两周一家。如果算上为了专利和知识产权收购的公司，总数甚至会达到 79 家。

这种核心功能对于系统的建立拥有必然性，而吞并最为考核企业组织架构的弹性与整合能力。

正如动物捕食一样，企业的捕食较重要的是对捕食后的猎物进行充分的消化。Google 的收购范围非常广泛，说它缺乏目标都不为过，如表 4.1 所示。但要论整合新公司的能力，Google 无疑在科技行业首屈一指。DoubleClick 和 AdSense 都是收购来的，如今却都已成为 Google 的重要收入来源。YouTube 主导了网络视频行业，Android 则在移动市场与苹果并驾齐驱。但 Google 并不总是“坐享其成”，它还会充分利用收购而来的团队开发新的产品——地图、Docs、Analytics 和 Voice 等优秀产品都源于这种模式。

在硅谷，当自己的公司被收购后，创始人通常都会在新公司短暂留任，等到行使期权后，便会离职，踏上新的征程。"能将一名创始人留住一年就很了不起了。"风险投资家大卫·派克曼（David Packman）说。但据 Google 并购部门主管大卫·劳维（David Lawee）透露，在 Google 收购的创业公司中，约有三分之二的创始人留任至今。

表 4.1　Google 的收购历史

序号	时间	并购对象	所属领域	所在国家
1	2014年1月	Nest Labs, Inc	智能家居	美国
2	2014年1月	Impermium	网络安全	美国
3	2014年1月	DeepMind Technologies	人工智能	英国
4	2014年2月	SlickLogin	网络安全	以色列
5	2014年2月	spider.io	网络广告	英国
6	2014年3月	GreenThrottle	附加工具	美国
7	2014年4月	Titan Aerospace	无人载具	美国
8	2014年5月	Rangespan	电子商务	英国
9	2014年5月	Adometry	网络广告	美国
10	2014年5月	Appetas	餐厅网站建置	美国
11	2014年5月	Stackdriver	云端运算	美国
12	2014年5月	MyEnergy	线上能源监视	美国
13	2014年5月	Quest Visual	实境增强	美国
14	2014年5月	Divide (company)	装置管理员	美国
15	2014年6月	Skybox Imaging	卫星	美国
16	2014年6月	mDialog	网络广告	加拿大
17	2014年6月	Alpental Technologies	无线技术	美国
18	2014年6月	Dropcam	居家监控	美国
19	2014年6月	Appurify	移动云端装置	美国
20	2014年7月	Songza	音乐串流	美国
21	2014年7月	drawElements	显卡兼容测试	芬兰
22	2014年8月	Emu	即时通讯	美国
23	2014年8月	Director	移动影片	美国
24	2014年8月	Jetpac	人工智能	美国
25	2014年8月	Gecko Design	机械设计	美国
26	2014年8月	Zync Render	视觉效果	美国
27	2014年9月	Lift Labs	医疗辅助器材	美国
28	2014年9月	Polar	投票系统	美国
29	2014年10月	Firebase	数据同步	美国
30	2014年10月	Dark Blue Labs	人工智能	英国
31	2014年10月	Vision Factory	人工智能	英国
32	2014年10月	Revolv	智能居家	美国
33	2014年11月	RelativeWave	应用程序开发	美国
34	2014年12月	Vidmaker	影片编辑	美国
35	2015年2月	Launchpad Toys	儿童应用程序	美国
36	2015年2月	Odysee	照片/影片共享	美国
37	2015年2月	Softcard	移动支付	美国
38	2015年2月	Red Hot Labs	移动广告	美国

Google收购的成功很大程度上来源于在早期就形成，至今仍然保留着的“灵活机动”的文化，正如员工可以随意移动办公桌的规则一样，“Google有很多轮值项目，可以让产品经理轮换着参与不同的工作。即使是高管也会轮流肩负不同的职责。”IVP 的达什说，“由于 Google 诞生于 Web 1.0 时期，因此并未建立僵化的体质，Google 员工的工作很多都不固定。”

正是由于 Google 这种灵活的文化和体质，使 Google 的文化特点相对于小公司有其优越性。在对小公司的吞并过程中，能够逐步地替代原有公司的文化，变为主导。

Google 2011 年 6 月收购了社交分析创业公司 PostRank，艾亚·格里格里克以该公司 CTO 兼联合创始人的身份加盟 Google。但他发现，Google 当时已经有一支完善的团队在处理同样的问题。“大家早就习惯了随时调往不同岗位，所以从事其他项目也没有什么丢人的。”他解释道。格里格里克最终加盟了 Chrome 团队，从事一个提升浏览器速度的项目。“在很多公司，频繁调动通常不是好事，但这里却鼓励这种行为，直到你找到自己真正热爱的事业。”

我们可以将 Google 整合创业公司的方式，视为其自身基础架构理念的延伸。但并不是每一个企业都拥有如同 Google 一样灵活包容的文化特征，能够在收购以后迅速兼容其他公司的能量并成为自己的一部分。

甚至，很多时候收购与吞并带来的问题可能是致命的。这也是大量的传统企业收购互联网公司后，并没有达到企业预期效果的原因。传统企业的文化通常是标准的按部就班的程序化知识体系，相反，收购的互联网公司则是创新型的知识体系。两种知识体系具有一定的相斥性，就如同一个个体很难同时拥有这两种不同的知识体系一样。因此，当两种知识体系在企业内部共存时，很可能引发对企业资源的无序竞争，带来耗散，严重时甚至可能将企业收入拉入低谷，导致企业的收缩甚至消失。

因此，在吞并过程中，企业需要清楚地判断其收购的主要目的——市场、技术或者人才。对于市场、技术性的并购，被并购的企业拥有所需的未来发展的核心功能，需要企业通过并购，顺利地将该技术变为已有，Google 对 YouTube、Invite Media 和 AdMeld 收购后的举措便是如此，被收购后的小企业最终被融合进 Google 的文化之中，而 Google 也终会派遣重要高管坐镇该部分，并完成对被收购企业的文化改造，将对方变成己方的能量。

然而，另一方面倘若企业看重的是对方的文化——通常也是对方企业的创始人所具有的个人特质，企业收购则更需要关注的是被收购企业中的人才，这能够给企业带来新生的血液以及造血细胞，被收购的企业实际比本企业更具动物优势。企业可以选择关闭被收购企业的原有经营内容，转而将人才派往企业需要的战略部分，有时，企业甚至会为人才而改变组织架构和组织风格，因为留住此部分的人才才是企业的最终目的。

事实上，Google 就常常为了人才而单独为其开辟一片新的领土。

比如斯坦福大学的计算机科学家塞巴斯蒂安·特伦（Sebastian Thrun），就是 Google 无人驾驶汽车的创始人。而 Google 也为了留下塞巴斯蒂安特地创立了 Google X 实验室。特伦的学生泰勒说："塞巴斯蒂安不仅是一位伟大的科学家，他还能将理论变成现实，Google 的两位创始人深为佩服他的这种能力。""某种程度上说，Google X 的创立是为了开发无人驾驶汽车，实际上，也是为了吸引塞巴斯蒂安留下。"现在，Google 已经不再是一家单纯的搜索软件公司，Google X 的实验室中不仅诞生了无人驾驶汽车，还有 Google 眼镜等一系列充满创意的产品，Google 真正变成了一家科技企业。Google 也在不断地吸收来自 Google X 的文化特点，并将这种文化融入自己的程序员文化之中。

事实上，传统企业为了人才或者文化的改变，而吞并另一些小公司时，消化与吸收的方式不外乎两种。

一种方式是从上到下的换血，利用收购后带来的文化混乱期，确立企业新的文化特征。但这样做的危险是一旦未能处理好新旧文化的交锋，则很可能造成上文中提到的企业内斗与耗散，并最终引发企业的严重问题。

顺利度过混乱期的关键依然是企业管理者的坚定信念与执行力——比如

通用的斯隆和 IBM 的郭士纳，坚定自己的信念并力挽狂澜，是这种大刀阔斧改革的唯一出路。

另一种方式，则是给予收购的新人才以自由成长的空间。

当新生部分成长到足以与旧体系抗衡甚至高于旧体系时，再予以合并，类似以新的身体吞并旧的身体。偏隅广东的张小龙团队所在的腾讯广州研发中心，被视为是马化腾在腾讯内部的一块“特区”——给予人才放手去做的能力，就如同培养一颗动物种子的胚胎，远远比单独收购一项技术更加困难，也更加具有长远意义。

总体来说，根据食物的重要性——企业通常有三种捕食手段——圈地、借力和吞并。通过这三种层次的捕食，互联网时代的企业能够使自己相对于植物型企业吸收更多的营养——通过付出部分的能力换取领域的控制权，通过外包合作与供应链管理保持机构的简洁与目标明确，通过吞并能够不断地吸收来自外部的技术、市场，同时还有文化。

在这三种捕食方式中，收购，尤其是对于新领域、新文化的收购，是对企业组织架构较大的考验——对于要吃进肚子的东西，我们总是要再三考虑，不是吗？

4.6　总结

企业组织从诞生到今天，发展了上千年，产生了直线职能制、事业部制等多种经典形态。但这些都是在相对固定的外部环境，承担企业战略执行、实现战略目标的保障措施。随着互联网的出现，组织正在发生着不同以往的一些特性和变化。本章试图从拟人的角度，将以往的组织变革比喻为植物型组织，以往的改变都是量上的积累，并未触及它的根本。而在互联网时代，组织似乎一下子从植物变成了有着灵魂、有着思想的动物，它有自己的个性、快速反应的神经系统和系统化运作，而且还能捕食其他企业。虽然这种比喻未必恰当，但反映了我们对新时代企业组织的关键认识：灵活性、适应性和整体性将成为组织成败的关键。

从消费互联网到产业互联网，再到现在大热的“互联网＋”，传统产业的边界变得越来越不确定。用科斯的交易成本理论去定义企业边界将变得越来越困难，竞争与合作伙伴将难以区分，竞争中有合作，合作中有竞争。因此未来的企业组织将是一种无边界组织，一种开放的生态圈，强调开放合作、利益共享。对内组织的架构也将从串联到并联，在内部呈现一个由无数个微型组织和自主经营体所编织而成的网状结构，最大化地实现动物型组织的各种特性，最终实现对外的“以客户为中心的价值交互网”和对内的“以人为中心的价值创造网”。

导读

从工业 4.0，工业互联网到国内“产业互联网”，产业界已经越来越认识到互联网为传统产业带来的升级与改造，可以说互联网为产业转型升级的“窗口”已经打开。但仅仅认识到是远远不够的，“行永胜于言”，一个企业变革的成功在于时机，在合适的时间、合适的地方、做出合适的事情。因此对于引导企业互联网化变革的企业家而言，最为重要的是在企业内部积极展开行动。

本章主要介绍一种企业在实际运作互联网化时可采用的模型方法。通过阅读本章，企业家可以评估企业改革的时机、确定行动的方案。首先，本章中提供了 I.C.A.T.评估模型，这可以用来确立企业改革的时机。根据模型提供的内外部评估问卷，企业管理人员可以确定企业自身和所在行业在互联网化过程中的状态。这将指导企业的领导者确定企业开始进行互联网化转型的时机，以及需要以多快的速度进行转型。其次，本章总结了不同企业在互联网转型行动中的三大关键元素，来帮助企业确定关键性步骤和方法。正如动物的“精神层面”、“骨架”以及“肌肉运作”需要调整一样，伴随互联网化的进行，企业的三大元素：“整合层面”——企业发展目标、“框架层面”——企业的管理架构，以及“运营层面”——企业运营方式必然要实行相应的调整。最后，本章针对每个调整给出了具体而详尽的案例，可供企业管理人员参考。互联网化的过程是艰难的，但是它会给一家企业的所有方面带来积极影响，它将意味着企业从上到下的创新与重生。

第 **5** 章

组织的升级与进化：评估与行动

公元 1800 年，当法国经济学家 J. B. 萨伊杜撰出“企业家”这个名词时，他是这样下的定义：将经济资源从生产力较低的领域转移到较高的领域。而到了 20 世纪中期，西方著名的经济学家熊彼特曾这样简洁地描述说：企业家的工作是“创造性的破坏”。

5.1 改变是否势在必行

互联网的改革是否势在必行？如果你问这个问题，可能得到各种不一样的答案。有些人可能十分激动地向你表述互联网时代带来的各种问题；有些人可能会手舞足蹈地给我们描述互联网大爆炸之后的宏伟蓝图；然而更多的人则可能是两眼发直，既无法说出为何应该立刻改变，也说不出为何不应该改变。

一位企业家在出席“2014 亚布力中国企业家论坛夏季高峰会”论坛时激烈抨击互联网，“现在有的网商公开说要颠覆传统经济，也就是说要颠覆实体经济。如果把实体经济全搞倒闭了，将会造成更多企业的关门歇业，这将进一步造成更多人失业。”事实上，在此之前，某酿酒集团在其官网发布公告称，对在酒仙网、中酒网等电子商务平台上购买其集团下系列产品的真伪存疑，声明中急于跟垂直酒类电商划清界限的意图十分明显。当然，这并不是唯一一家封杀酒仙网、1919 网等酒类垂直电商平台的酒类品牌，另一企业也曾下发文件要求经销商停止向酒仙网、1919 网等酒类电商供货。

然而，对互联网抱有极大兴趣的传统企业也并不少。在 2014 年 8 月 29 日，传统企业万达与互联网三大巨头中的腾讯和百度聚首，在深圳联合召开发布会，正式宣布在香港注册成立电子商务公司，一期总投资额高达 50 亿元人民币，其中万达持股 70%，腾讯和百度各持股 15%。在致辞中，万达董事长王健林提出：万达电商的方向是做O2O，这是电子商务最大的蛋糕。他认为，目前 O2O 才刚刚起步，市场上还没有看到真正的 O2O 平台。万达 O2O 一定不是卖商品，而是卖服务。王健林还表示，50 亿元人民币只是第一批投资，5 年之间总投资要接近 500 亿。李彦宏和马化腾的讲话则体现了一种英雄所见略同的意味：（1）互联网正在加速淘汰传统产业，不拥抱互联网的企业可能都会被淘汰，需要尽快抓住机会。（2）O2O 行业拥有巨大的机遇。（3）要做平台，做连接人与服务的事情。

传统行业的分化已经如此明显：激烈的反对派、温和的中立派，以及互联网簇拥派。

激烈的反对派对互联网始终抱着质疑的态度，认为互联网给实体经济带来了负面影响。而这种负面影响中较为突出的是互联网扰乱了原有的价格体系，造成了企业间的恶性竞争，引发大量失业。

而温和的中立派则认可互联网带给传统行业的冲击，但并不认为互联网将会对自己的行业带来太多的不同，因此并不想立刻行动去对自己的业务模式进行变革。很多的中立派企业家认为：互联网只是一个工具，互联网不可能颠覆传统产业的核心价值，也没有办法取代产品的创新和技术研发、供应链管理，因此互联网并不会最终对经济带来核心的影响。

互联网簇拥派则是想方设法地去拥抱互联网，认为互联网将会带来翻天覆地的影响。他们相信互联网将会成为水电煤，对传统行业的影响是革命性、颠覆性的，绝不止是工具这么简单。其中部分激进派先锋者不单在意识上超前，还付诸行动，在向互联网的转型中尝试通过行动抢占先机。

实际上仔细分析，那些激烈或温和的反对者们是否真的看不到互联网时代带来的颠覆呢？事实上肯定不是。他们心中对互联网必然也有自己的判断，而迟迟不愿直面互联网变化的原因很大程度上是企业发展时间较长，已经有了沿袭多年的组织体系及长期约定俗成的管理体制，这些历史宝贵经验反而使企业的转型格外艰难。而互联网的快速变化，跳跃式发展，又使得企业无法明确判断其发展的下一步方向将是哪里，所以无法贸然下手。

而另一方面，互联网的簇拥者是否真的已经做好了转变的准备？也不一定。这些簇拥者同样诞生于传统行业。在互联网诞生前，这些行业都是与消费者直接连接的界面，如电信业、大型商场等。而互联网诞生后，这些行业所受到的冲击最大，甚至于正在面临被互联网后来者颠覆的紧急局面。对于这些企业来说，已经不是想不想往互联网转型的问题，而是大量的新用户已经被互联网时代改变，真正到了“革企业的命”的时刻。如果不能为品牌商和消费者创造新的价值，那么企业随时都有可能在互联网大潮中被用户抛弃，从而引发企业崩溃，所以企业不得不快速的改变。

5.2 关键评估：I.C.A.T.评估模型

互联网的改变是否一定会发生？答案是肯定的。

然而，是否应该现在就做出深层的革命性的改变？答案却是：时机。

企业变革的成功在于时机，在合适的时间，合适的地方，做出合适的事情。

对于时机的关注，使得"PayPal 黑帮"最终在硅谷创建了多家投资基金、互联网公司、新能源与电动车公司，还有一些更有想象力的事，比如"钢铁侠"马斯克所创立的一家开发火星的公司。

最近的一次峰会上，Jeremy Stoppelman 被主持人问到：这中间到底有何奥秘？

Stoppelman 回应：当然，这都是很棒的一拨人，可是，真正的秘密是：绝佳的时机。资本、时机，再加上他们之间形成相互支持的关系网络，于是，他们成功地开创了一拨 Web 2.0 公司：LinkedIn、YouTube、Yelp……

所以，没有什么奥秘，所有的秘密就是：正确的人，在正确的时间，出现在正确的地点。

行动早了一步，就可能像多年前诺基亚推出的新概念手机一样郁郁而终。这些产品从概念上来说是一个好产品，但面世得过早，市场并没有准备好接纳这种产品，而且产业也没有为这类产品找到合适的位置。

如果过分谨慎，观望太久，则企业不但会错过盈利的时机，甚至还会被行业中的先行者边缘化。只有抓住时机成为那只"站在风口的猪"才能更好地迎接互联网时代对行业带来的冲击，更好地从"互联网变革"中获利。

通过评估企业自身和所在行业互联网化的状态，可以帮助企业选择开始互联网化的时机，以及决定需要以多快的速度和朝哪个方向行动。我们将会对企业进行一次小小的测试，即行业互联网化和公司动物化程度测验（Industry and Company Animalization Test）。在这个测试模型中，企业需要考虑以下两个纬度的问题，如图 5.1 所示。

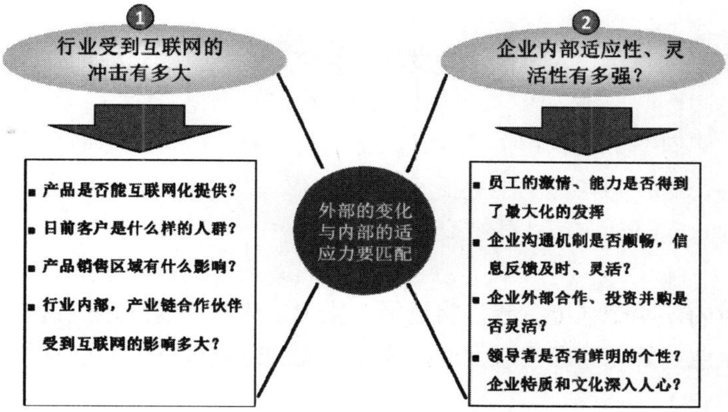

图 5.1　企业需要考虑的两个纬度

对于外部环境的评估可以帮助企业判断是否开始行动，行动的重点和方向是什么。

如果市场与客户还未开始变化，或者他们根本没有做好迎接互联网的准备，那么互联网的变革对于该行业并不会太快的到来，企业也不用急于开始进行外部的互联网变革，推出大量互联网化的产品，因为这些超出了客户的购买意愿和接纳度。企业所处的行业，可能在较长的一段时间内还能够保持现有的竞争局面，因此企业组织的变革将会更加偏向内部，短期的目标是进一步改进和优化内向型的“植物型”管理方式，积极吸取一些互联网元素，激活现有组织，减少内部成本和提升效率，从而在互联网时代中获益。

但如果企业面对的市场与客户已经发生了或正在发生迅速的改变，而企业组织没有跟进，那么你很有可能被后来居上的“动物型”组织所吞噬，并进一步丧失主动权。

对企业内部环境的评估可以帮助企业判断自身的能力，面对外部的变

化，该采用什么样的具体行动方案和行动重点。

内部环境和能力评估可以帮助企业确定是否已经准备好，帮助企业为现在或即将到来的某个时间点做好准备，帮助企业判断目前的发展是否在正确的道路上，以及对于互联网给行业和企业即将带来的革命有多深的认识和多强的应对能力。

更加适应"互联网时代"的发展，其核心就是要求企业能够以更加动态的视角关注整个市场，以"动物化"的标准审视自己的企业。跟随外部环境和战略，任何一个企业和企业的组织都需要不断的改变。然而，真正的改变只有当公司的领导和员工上上下下能有切实的认识，都明确给出改变的前景和改变的方向时，变革才能被真正的执行。

针对内外两个纬度，我们将会提出更加细化的问题，通过这些细化的问题帮助企业更好地判断互联网对行业和企业的影响以及企业自身的适应性。

这些问题将会以粗体字列出，并对每个答案给出不同的得分，通过最后的统计量化企业的分数。如果企业目前对答案还不太确定，则可凭经验，尽力猜测。分数只是一个定量化的手段，能够帮助我们更清晰明确地判断企业的状态。本章结尾将给出不同分数的含义，并做出解释。

问题首先从外部环境开始。回答这些问题，需要企业不仅仅是对现在所处的情况有较为充分的了解，还需要对未来进行一个简单的展望。闭上眼睛，畅想五年后，企业所面对的外部环境将会如何变化？如行业受到互联网的冲击是迅速发生改变还是能够维持原样？客户的范围仍集中在本地还是随着互联网的引入扩大到全国乃至全球，等等。

需要指出的是以下测试需要企业的评估尽量保持简单。对于企业而言，一般都遵守 80/20 法则，因此在做出判断时，企业应尽量聚焦在较重要的市场、用户、行业和上下游链条上。

- **外部环境问题 1：五年内，企业产品主要销售地区将会受到互联网多大的影响？**

这个问题主要是针对企业所生存的市场受到互联网影响的判断。对于发达地区，互联网覆盖已经较高，因此该地区在五年内各类产品受到互联网的影响也会较大，而对于产品主要在偏远地区或者互联网覆盖不到的区域，预测五年内互联网对该地区的覆盖情况将会十分重要。

从统计数据来看，2013 年，中国互联网用户突破 6.18 亿，网民渗透率稳中有升，达到49%。IDC预计2012—2017年，中国互联网用户复合增长率为 6.78%。未来五年，中国互联网用户渗透率可能会超过美国、日本等发达国家，提升幅度居首；2017年其将突破60%。从移动互联网来看，2014年9月，中国移动互联网用户已经达到 8.71 亿。

“宽带中国战略”发展时间表

全面提速阶段（至 2013 年底）。重点加强光纤网络和 3G 网络建设，提高宽带网络接入速率，改善用户上网体验。

至 2013 年底，固定宽带用户超过 2.1 亿户，城市和农村家庭固定宽带普及率分别达到 55%和 20%。3G/LTE 用户超过 3.3 亿户，用户普及率达到 25%。行政村通宽带比例达到 90%。城市地区宽带用户中 20Mbps 宽带接入能力覆盖比例达到 80%，农村地区宽带用户中 4Mbps 宽带接入能力覆盖比例达到 85%。城乡无线宽带网络覆盖水平明显提升，无线局域网基本实现城市重要公共区域热点覆盖。全国有线电视网络互联互通平台覆盖有线电视网络用户比例达到 60%。

推广普及阶段（2014—2015 年）。重点在继续推进宽带网络提速的同时，加快扩大宽带网络覆盖范围和规模，深化应用普及。

到 2015 年，固定宽带用户超过 2.7 亿户，城市和农村家庭固定宽带普及率分别达到 65%和 30%。3G/LTE 用户超过 4.5 亿户，用户普及率达到 32.5%。行政村通宽带比例达到 95%。城市家庭宽带接入能力基本达到 20Mbps，部分发达城市达到 100Mbps，农村家庭宽带接入能力达到 4Mbps。3G 网络基本覆盖城乡，LTE 实现规模商用，无线局域网全面实现公共区域热点覆盖，服务质量全面提升。互联网网民规模达到 8.5 亿，应用能力和服务水平显著提高。全国有线电视网络互联互通平台覆盖有线电视网络用户比例达到 80%。

优化升级阶段（2016—2020年）。重点推进宽带网络优化和技术演进升级，宽带网络服务质量、应用水平和宽带产业支撑能力达到世界先进水平。

到2020年，基本建成覆盖城乡、服务便捷、高速畅通、技术先进的宽带网络基础设施。固定宽带用户达到4亿户，家庭普及率达到70%，光纤网络覆盖城市家庭。3G/LTE用户超过12亿户，用户普及率达到85%。行政村通宽带比例超过98%，并采用多种技术方式向有条件的自然村延伸。城市和农村家庭宽带接入能力分别达到50Mbps和12Mbps，50%的城市家庭用户达到100Mbps，发达城市部分家庭用户可达1Gbps，LTE基本覆盖城乡。互联网网民规模达到11亿，宽带应用服务水平和应用能力大幅提升。全国有线电视网络互联互通平台覆盖有线电视网络用户比例超过95%。

对于互联网覆盖已经非常完善的地区，企业的改革将会较为容易进行，我们会给予25分。而对于尚未覆盖且覆盖发展情况不明确的地区依次降分，最低为0分。对于网络覆盖率较低的地区，企业则需要谨慎考虑是否需要进行改革以及进行改革时采取的步骤。

外部环境问题1

问题	选项	得分	结果
五年内，企业产品主要销售地区将会受到互联网多大的影响？	A、80%-100%	25	
	B、50%-80%	15	
	C、<50%	0	

"现在给你，未来归我"。在第一届世界互联网大会结束不到1周，马云便一头扎进了茫茫大西北。2014年11月23日，阿里巴巴与新疆签署战略合作协议，紧接着第二天，又与甘肃签署协议。对经济与网络并不发达的省区，马云何以如此兴趣盎然？三天前，全国"京东帮服务店"开业，同样直指农村市场。马云与京东集团董事局主席兼首席执行官刘强东的农村之争，预示着电商在逐步往欠发达地区的渗透。因此，企业在评估时要用发展的眼光慎重审视产品销售区未来可能受到的影响。

- **外部环境问题 2：五年内，企业产品的主要适用人群是哪些？**

这个问题主要是针对企业目标消费者群体受互联网影响的判断。

不同时代出生的消费者对于互联网有着不同的态度——有些不熟悉，还有些不能离开互联网生活。70 后和 80 后是伴随着 PC 互联网兴起的一代网民，而 90 后和 00 后人群则属于“手指”一族，他们基本是伴随智能手机、平板电脑等各类移动终端触网的新新人类。90 后的崛起、00 后的潜力，必然会对中国互联网产业产生深远的影响。易观发布的《中国 90 后青年调查报告 2014》中显示，90 后青年群体中有高达 88.5%的人经常使用手机上网，只有 16.6%的人认为离开网络对自己的生活完全没有影响。作为成长在互联网时代的群体，互联网已经成为 90 后生活中的一部分。中国网民年龄结构如图 5.2 所示。

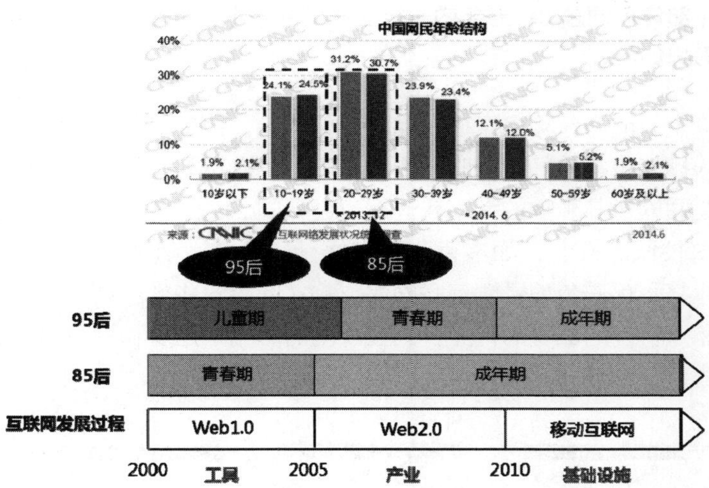

图 5.2　中国网民年龄结构

尤其对于互联网诞生后出生的新一代而言，互联网已经改变了他们的认知习惯，这部分人群无论在互联网应用使用习惯，抑或付费决策等方面都与 70 后及 80 后人群有很大的不同，从传统的被动接受变成了主动参与、分享，这些将深远影响面向 90 后产品的市场发展，他们对于新产品的生产、制造和销售等环节都有着不同的要求。

对于企业而言，如果五年内产品的主要消费群体是以 90 后为主，则企业将会在很大程度上受到互联网的各种习惯影响；倘若企业主要以接触网络较少的老年人为主，则企业受到互联网的影响将相对较小。

我们对主要消费群体较为年轻的给予高分，企业的消费者群体改变对于企业而言具有重要意义；而对于主要消费群体较为年长的行业，企业改变时则需要考虑主要消费群体的接受度与易用度，因此予以低分。

外部环境问题 2

问题	选项	得分	结果
五年后，企业产品的主要适用人群是哪些?	A、90 后	25	
	B、70~80 后	15	
	C、70 前	0	

- **外部环境问题 3：五年内，行业内部的产业链和合作伙伴受到互联网的影响如何？**

对于企业而言，除去企业产品的销售地点、销售对象外，行业本身受到互联网的挑战也是我们评分时重要的考虑因素。不同行业由于其行业属性的不同，互联网对其影响的大小和进程也会不同。对于与消费者接触密切的、行业壁垒较低的行业，如零售业和媒体行业而言，随消费者行为习惯的改变，行业将不可避免地受到互联网的影响；而另一些生产制造依赖更多的与人交互和重资产的部署的行业，则互联网的影响是逐步和细微的，更多地表现在部分环节或效率的提升。如图 5.3 所示。

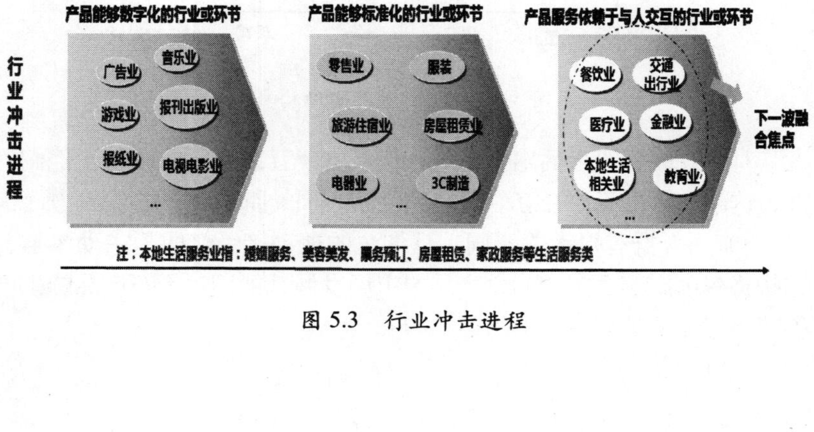

图 5.3　行业冲击进程

其次，对于有一些行业，尽管行业壁垒仍然较高，但已经在行业内部出现了互联网企业的竞争，比如银行业，这也会加快该行业的互联网化进程。截至 2014 年 6 月底，阿里巴巴小额贷款业务（包括浙江阿里巴巴小额贷款股份有限公司与重庆阿里巴巴小额贷款股份有限公司两大实体）累计服务企业超过 80 万家，累计投放贷款超过 2000 亿元。

另外，如果行业的上下游已经出现互联网影响较大的企业，则其互联网的扩散效应必然会对其关联紧密的上下游行业产生影响。比如零售制衣业，互联网带来了个性化服装时代，服装企业的关注点将从成衣时代的服装制造技术和设计经验，逐渐转移到顾客身上，更关注顾客有什么样的个性化需求，而后针对顾客需求进一步发展柔性制造，更好地满足顾客的各种需求。

对于行业内的企业而言，如果企业所处行业中已经出现了大量的互联网挑战者，则企业将难免与这些挑战者发生同台竞争，而这些挑战者也会采用各种互联网的手段与传统企业进行正面竞争，此类行业受到互联网的影响也将会远远高于其他行业，企业的改革也会更加迫切，给予高分。对于行业中尚未出现互联网挑战者的行业，行业内部受到互联网的影响较小，因此给予低分。

外部环境问题 3

问题	选项	得分	结果
五年内，行业内部的互联网受到的影响如何？	A、已经出现大量挑战者或互联网巨头已布局进入 B、出现少量挑战者 C、未出现且将来也很难出现挑战者	25 15 0	

- **外部环境问题 4：产品/服务是否能够互联网化提供？是否会受到类似的互联网产品和服务的冲击？**

这个问题主要是针对企业的价值主张受到互联网影响的判断。

如果一个企业所生产的产品/服务，为客户提供的价值主张可以用互联网化的方式提供，且已经受到类似互联网产品的竞争和冲击，那么这个行业必将快速地被互联网所替代。在历史上不断重复着“长江后浪推前浪”的故事，如数码技术对传统胶片拍照的替代，手机对 BP 机的替代，等等。对于很多的产品和服务，互联网将产生更好的价值体验和实现形态，如图书的检索、新闻的传播和社交沟通等。这些新的互联网产品形态的产生，借助网络的规模效应，将对传统产业产生颠覆性的影响。

因此，对于企业而言，如果提供的产品和核心客户价值主张在未来五年内将受到互联网较大的影响，那么产品的互联网化提供将给予高分；相反，如果核心客户价值主张比较依赖于传统方式，互联网介入的程度较低，而且难以替代，则给予低分。

外部环境问题 4

问题	选项	得分	结果
五年后，企业的核心产品互联网化提供的程度和可能性?	A、已出现，将大规模出现	25	
	B、即将出现，将有一定市场	15	
	C、尚无迹象，不好判断	0	

最后，我们将四个问题的总得分相加，得到企业外部市场环境的最终得分。

第二大类的问题来自于企业内部。

这些问题将帮助确定企业内部是否已经准备好迎接互联网带来的大型变革。

为了充分地了解企业内部改革的潜力，需要考虑企业目前的实际情况或者在近期内可能发生的变化。对企业内部，我们将会从员工、团队（细胞、肌肉）和组织体系（骨架、灵魂）等多个方面从小到大进行评估。考虑企业本身的细胞状态、组织形态，观察整个企业的互联网化运作情况以及企业领导在企业中的领导方式。

- **内部组织问题 1：企业是否拥有行业优秀人才，企业是否提供了有利环境，使得所有员工能充满激情和发挥所长？**

在第 4 章，我们提出过卓越团队的理念。一个 A+水准的团队，可以轻松干掉一个更庞大的 B 级或者 C 级的团队。

企业的细胞变化是企业向互联网转变过程中较为重要的变化基础。公司必须善于追踪、挖掘、面试、聘请、评估、培养、重视和留住这样的人才，并总是把与人才相关的工作视为公司较重要的任务之一。因此，新时代的企业从内部、外部都更加关注每个员工的成长，给他们提供优厚的环境，让他们能够发挥出 100%甚至 120%的力量。而与之相对应的是，企业需要拥有一套合理的人才筛选、培养机制，并能够提供切实的人才发展的硬件与软件环境，确保企业内部优秀人才能较大化地发挥其潜力。

这要求企业的人力资源管理团队和企业的各个管理部门能够对人才在互联网行业，以及未来“动物型”企业中的重要性具有清晰的认识，并能够有能力对企业现有的人才管理、培养制度进行灵活的调整。

内部组织问题 1

问题	选项	得分	结果
企业是否拥有行业优秀人才，企业是否提供有利环境使得所有员工能充满激情和发挥所长？	A、拥有优秀人才以及灵活的人才管理机制	25	
	B、仅拥有其中一项	15	
	C、两项均不具备	0	

- **内部组织问题 2：企业各部门/组织间是否已借助互联网手段实现高效沟通和灵活的执行机制？**

传统的企业信息传递遵循上传下达的流程，整个流程非常长，效率也低，领导和员工之间存在严重的信息传递消耗和信息不对称，造成了“决定炮火的往往不是那些听见炮声的人”这一现象。而互联网时代，互联网沟通工具的出现，大大加快了信息从外部向内部以及内部之间信息传递的速度。对外，企业的每个人都是感受外部的触点，使得企业管理人员也能直接接触到顾客的真实想法；对内，企业管理人员可以迅速了解内部情况，收集和整理不同部门、不同环节的真实想法，帮助管理层进行决策并推动尽快得以执行。

企业的互联网化沟通工具包括客户的反馈工具，如企业微博、微信或者独立的企业客户端等，企业各级管理人员最好能够从各方面亲自使用该工具，确认能够通过这个工具高效地获取外部市场的反馈，包括使用情况、易用性，等等；另一方面也包括企业内部的协作工具，该工具不仅要能够将企业协作流程电子化，实现无纸化办公，更重要的是要能够适应变革中企业组织模块的快速调整，工具能够"无时延"的动态变化。

互联网工具的应用是企业能够做出快速反应的硬件基础。一方面，企业需要具备灵活的组织机制，保证在新的时代具备更加快速的决策、协调与执行能力。例如，多种多样化的小团队——小团队能够拥有独立的思考能力和执行能力，以及不同团队间的快速协调手段，如团队管理者共用办公室等，这些能够保证在企业决策达成后，迅速做出反应。

内部组织问题 2

问题	选项	得分	结果
企业各部门/组织间是否已借助互联网手段实现高效沟通和灵活的执行机制?	A、已经拥有互联网沟通工具及快速执行团队	25	
	B、拥有部分工具及执行能力	15	
	C、两项均不具备	0	

- **内部组织问题 3：企业的整体运作是否遵循系统性、全局性原则，能否灵活利用外包、吞并以及各种合作机制？**

企业组织设计要求每个部门都有其独立性以及不可或缺性。独立性需要企业不同部门内部几乎没有交叉，员工只需对该部门的产出负责；而不可或缺性则是该部门对外提供的产出一定能够被其他部门或最终的输出结果所使用，对该部门业务的完成情况，能够天然的得到监督。

"动物型"组织设置一方面保证了某特定系统内部的工作人员封闭在系统的环境中，能够更加关注眼前的事情，不被其他事情所左右。清晰地划定各部门职责和联系环节，使得企业能够实现快捷的服务。但更为重要的是"动物型"组织的系统性能够帮助企业从全局去思考和判断，从整体上去决定企业的战略方向和实现路径。

另一方面，随着互联网化程度的加深，对于很多企业而言，外部协作的成本有时候会低于内部协作的成本，企业常常会面临需要收购外部企业来保障企业技术及关键功能的市场领先地位。因此，企业必须具备可以灵活外包、并购的机制。企业需要对基础能力进行整合，根据企业未来的发展目标，逐级分解，确立适合外包的组织功能以及必须具备的核心能力。在对内部进行整合的同时，组织应设计应对大量外包和兼并的准备机制，预先做好对于重要流程外包、供应链管理的制度以及并购后的管理策略。

内部组织问题 3

问题	选项	得分	结果
企业各部门的设置和整体运作是否遵循系统性、全局性原则，企业能否灵活利用外包、兼并以及各种合作机制？	A、内部组织及制度具有极高的系统性，企业经常进行外包和兼并活动	25	
	B、拥有部分能力	15	
	C、两项均不具备	0	

- **内部组织问题 4：企业领导是否拥有鲜明的领导个性与文化？公司的个性与文化能否在公司的对外宣传、产品特征和内部管理中得到体现？**

企业个性与文化中最为忌讳的是人云亦云，新时代的企业需要自己独特的方面，不要别人写什么自己就跟着写什么，同时要慎用“创新”和“影响力”这样的字眼。只有当一个企业真正打算去冒险时，企业才能写下真正属于自己公司的企业创新故事，这样的故事才会引起讨论。

公司的基础文化与企业领导本身的气质密不可分：企业领导的个性决定了企业能够获取人才的特性，企业领导是否热衷于使用互联网工具也决定了互联网沟通手段在一个企业内部的普及程度，企业领导对产品的关注决定了产品的品质情况……对于企业领导而言，企业个性是帮助企业筛选人才、决定企业产品的重要因素，企业管理者可以列一张清单，在清单上把成为企业的一员意味着什么说清楚。

企业的文化与个性要让某一个真正适合这个企业，与这个企业核心管理者共处的人觉得这个企业正好适合他，不论用何种方式都一定要进入该企业；但同时也要让所有那些不适合这个企业的人读后有这种感觉：“打死我也不想做这份工作。"

企业的领导应该能够时时刻刻都在谈论你想创建的文化，并真正这么做下去。这包括企业的各项管理、企业的对外宣传以及企业的产品概念。这个工作只能由企业核心领导亲身去做才有效果，不能由别人代为完成。

这一个细项包括了企业领导是否使用最新的业务？是否亲自回复微博？对于移动办公的态度？领导的任何言行，都像在池塘里扔入一块石头会激起一层一层的涟漪一样，公司领导人做了什么说了什么之后，其他人会立刻开始模仿。

内部组织问题 4

问题	选项	得分	结果
企业领导是否拥有鲜明的领导个性与文化？公司的个性与文化能否在公司的对外宣传、产品特征和内部管理中得到体现？	A、企业文化与领导者本身个性契合，同时领导者能够时时刻刻谈论该文化	25	
	B、拥有部分能力	15	
	C、两项均不具备	0	

与对企业所处市场环境的判断一样，内部问题是为了评估企业是否在正确的道路上，为现在或者未来某个时间点的变革做好准备。当企业考虑变革的时候，首先要确立领导层是否真正地了解互联网时代将会带来的改变。变革每天都在发生，但是真正的变革——必须是由坚定的领导者来实现。

计算总分

这 8 个问题的核心目的，是要估算出企业内部组织对于整个互联网时代的适应性，以及未来企业在外部市场中受互联网影响的程度。对于这两类问题，企业应该会分别得到一个介于 0～100 的分值。整个图标的纵轴代表了企业所处外部环境的情况，而横轴则是企业目前的内部组织情况。将两个纬度的得分标注在图 5.4 所示 I.C.A.T 测试模型中，看看自己将会落在哪个区域之中。

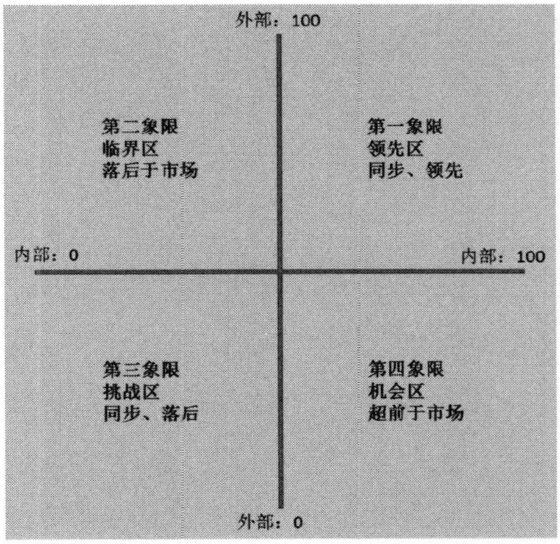

图 5.4　I.C.A.T 测试模型

右上/第一象限：领先区

在这个 I.C.A.T 测试模型中，我们对市场环境及企业内部情况都超过 50 分的区域称为领先区，处于这个区域的企业称为领先者。在该区域中，不论是企业的外部市场或者是企业内部的环境，都已经随着互联网的快速发展初具规模，领先于其他市场和其他企业，并预计将会在未来一段时间内能够继续适应互联网时代的进一步发展。

左上/第二象限：临界区

部分企业所处的市场环境可能已经达到 50 分以上，而企业本身的得分则低于 50 分。该区域中的企业本身还未针对外部市场的改变而做出相应的变化，倘若企业继续保持现状，则可能很快会被市场淘汰。我们称这个区域为临界区，处于该区域的企业称为落后企业。

左下/第三象限：挑战区

对于市场得分以及企业内部得分均低于 50 分的企业，不论是企业的外部环境还是企业的内部环境都还未因互联网时代的到来而发生改变。倘若企业贸然改变，则可能因为市场接受程度的不同而产生不同的结果，我们称这个区域为挑战区，处于该区域的企业称为挑战企业。

右下/第四象限：机会区

最后，对于处于第四象限，即市场环境低于 50 分而企业自身得分已经超过 50 分的企业而言，企业的外部环境和上下游市场还处于较为传统的环境中，相较于企业内部情况还稍微落后，而企业则可能需要承担起带领整个行业，以及产业链合作伙伴共同进步的责任，我们称这个区域为机会区，在这个企业的竞争者称为机会企业。

对于第三、第四象限的企业，相对于出现在上方的企业而言，推动行业向互联网转型，并从中把握机会，找到较合适的整体转型时机，是处于下方企业的重要目标。而处于上方的企业则可能已经面临互联网时代带来的巨大压力，转型迫在眉睫。

出现在图表左侧，即第二、第三象限的企业，目前的互联网化转型相对于行业整体变化已经有些滞后，关注企业的内部组织发展，找准变革的切入点是这些企业的首要任务。相对而言，处于右侧的企业已经具有部分的变革实践，这些企业需要考虑的则是补足短板并加强自己的优势。

5.3 企业的实施路线

对于每一个企业而言，互联网化带来的挑战都是不同的。互联网化是一家企业整个组织结构和运营模式的改变，很可能波及企业组织内所有的功能。因此，互联网时代下的组织变革是一项企业首席执行官级别的工作，其规划和执行必须从全企业的高度上加以考虑。

在企业的实施路线中，确立企业变革的目标与时机是整个实施路线的开端。建议的自上而下的方法包含三个步骤，如图 5.5 所示。

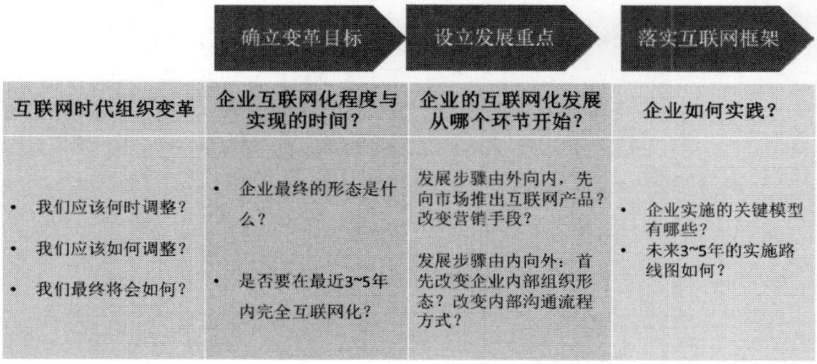

图 5.5　企业的实施路线（自上而下）

首先按照之前企业的得分情况确立不同企业的互联网战略，评估在互联网化中与行业其他从业者之间的差距和自身的机会；然后，考虑实施优先级和自身组织的能力；最后，定义业务运营模式，从整合框架定义开始，确定框架模型以及针对运营模式的每个功能定义相关的模块、流程和治理问题，从而获得完整的互联网实施路线图，以指导未来 3 到 5 年的活动。

关键实施步骤一：确立企业变革的目标

首先判断企业互联网化改革的目标与时机。

五年内需要完全实现互联网化的企业。

正如前面所讨论的那样，对处于领先区和落后区的企业而言，企业外部环境已经或者即将全部互联网化。互联网从业者已经从行业中看到了可以颠覆的契机，全行业被互联网化的可能性非常高。而对于行业中的传统企业而言，变革已经迫在眉睫。这些传统企业要想继续在互联网时代生存下去则必须现在就做出改变，这是企业为市场所迫而出现的倒逼式的改变，这些改变必须尽快完成，并且是从上到下的全面改变。如图 5.6 所示。

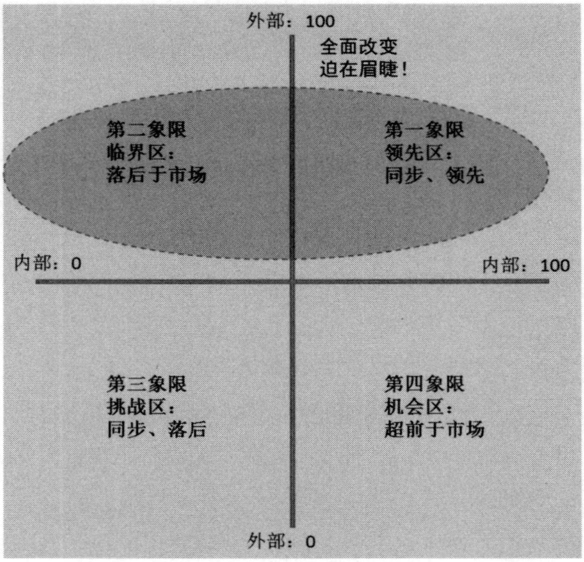

图 5.6 五年内需要完全实现互联网化的企业

五年内实现企业部分环节的互联网化。

对尚处于挑战区和机会区的企业而言，尽管改变的需求并不是十分迫切，但企业也必须做好即将改变的准备。这包括企业能够认识到互联网将会对整个世界产生的变化，尽管对变化的快慢与感受程度会有所不同，但确认变革将会发生，并能够尽快将企业内部准备就绪。这需要企业领导者能够戴上"互联网眼镜"观察整个世界，预测企业以及企业未来所处市场的形态，并更加谨慎地观察企业客户、上下游产业、消费区域以及竞争者的发展态势，一旦确认五年后企业所处的外部环境将会变化，则立刻投入互联网时代的战斗中，并获取先机。

关键实施步骤二：设立企业互联网化能力发展重点

确立企业改变的时机后，接下来是判断企业改变的重点。事实上，对于外部市场已经改变的企业而言，企业改变的欲望十分强烈，但从哪个环节入手，尤其是内部组织问题得分较低的企业，确定改变的重点是企业互联网化的关键。

将外部作为改变重点的企业

对于现在就需要改变且处于临界区的企业而言，因为企业的外部市场已经变化，所以企业的当务之急是提供能够适应市场发展的互联网化产品。这些企业的改革重点是企业的外部化，通过与外部更加快速紧密的接触，使企业能够快速接收到整个市场传递的信号。根据市场信息，企业能够更加明确地做出调整和应对，并逐步调整企业整体的组织结构，使其与市场的发展保持同步。

部分企业尽管外部市场并未发生明显的变化，但企业内部已经做好了改变的准备。尽管这些企业并不急于现在就做出相应的改变，但推动企业所处行业互联网化，使自己先入为主的优势能得以发挥则是这些企业的发展重点。对于这些企业，也需要做好外部化，即能够将企业目前拥有的优势更好的被市场所接受，并通过地域、人群的小范围试点，找到产品的适用人群、场景，逐步扩大企业的影响，引领行业发展。如图 5.7 所示。

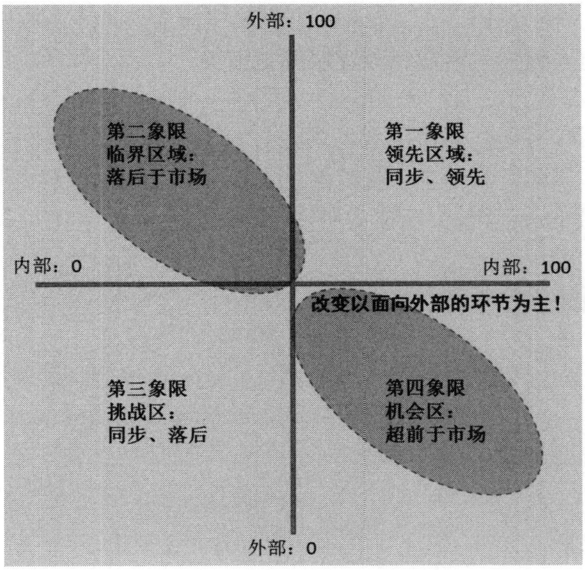

图 5.7　将外部作为改变重点的企业

以外部作为重点改变对象的企业最先需要改变的环节是企业的对外连接环节，如企业的零售体系、市场营销、传播体系的互联网化。首先判断这些环节是否已经推出了互联网的手段与工具，获得市场反馈及企业决策的速度与执行力是否已经达到了互联网的速度，然后再逐步向内扩展到产品设计、生产等其他流程环节中。

内部作为改变重点的企业

对于领先区、机会区的企业而言，企业的市场环境与企业本身目前还是比较配合的。比如处于领先区的企业，市场与企业都已经在改变之中，企业处于较为领先的区域。企业的内部组织已经有了一定的优势，所需要关注的是补足现有组织结构的明显劣势，并通过企业文化建设进一步吸引人才，保持优势发展。

处于较为落后市场的企业同样应先关注内部的改变，现在就急于向外推出互联网的产品或者营销方案显得有些操之过急。企业需要着眼于利用互联网时代的手段，以外包、兼并等方式降低企业成本或者储备未来发展的力量，并利用互联网工具加强内部组织之间的协调等。

关键实施步骤三：落实企业互联网化框架

企业的互联网化框架包括一系列整合的元素，这些元素可以分为三个层面：整合、框架和运营。这三种元素就如同编程中的头文件、主程序和子程序一样，如图 5.8 所示。

整合层面元素。

是在所有的框架之上，提供让各项能力顺利协调发展的元素，包括：文化管理模型——说明企业对内、对外的事务处理原则；战略管理模型——确立企业未来发展目标及潜在变更。

框架层元素。

确定企业互联网化后的整体结构，包括系统的组织模型和责任分配模型，提供将企业生产、运营、销售各个环节明确分解的逻辑框架，定义企业系统中各个环节的承担者、责任方，以及需要输出的成果；提供流程模型，确立不同的输出方式和结果应当如何交付；明确企业的治理模型，规定企业监管、控制和激励的机制。

运营层面的元素。

进一步定义运营的方式，包括：绩效管理模型，说明保证运营模式有效并能够提供收益所需的目标指标；人力组织模型，包括对人员结构、技能和行为、编制的变更方式；目标技术模型，明确将互联网技术指标与企业各项业务需求相关联。

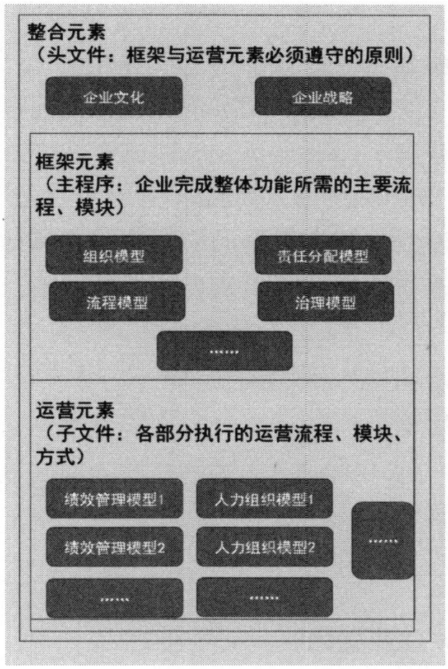

图 5.8　互联网化框架的三个层面

落实企业的互联网框架主要包括两个步骤：框架的部署和框架的调整。

企业必须时刻关注整合、框架和运营元素间的相互配合。由于每一个元素的改变对其他元素都有着重要的潜在影响，因此逐步调整和确立适合企业本身的互联网框架是一个反复论证的循环过程。

5.4 整合层面元素的设立

整合层面的元素很多时候都是通过企业的价值、环境、信条和哲学得以体现的，它通过影响决策和个人行为等深刻地影响着公司的发展。为了在互联网改革中获得成功，以下几个方面非常重要：确定领导者的个性风格，确认企业的长期战略，通过设立相关组织机构和职责贯彻企业的核心价值，并赋予员工维护这些价值的决策权。

动物型组织的灵魂来自于企业领导人与文化建设团队从全局去思考和判断，整体上去决定企业的战略方向和实现路径，并将这种文化与战略贯彻到全公司上下，甚至能够影响外部对企业的整体看法。

整合层面元素的设立中较为重要的内容是设立有效的企业文化。企业文化是企业的支柱，其他一切都必须以此为依托。

企业文化建设于团队设立之初，一方面必须判断目前的企业文化是否与企业诞生成长的经历相辅相成，另一方面需要判断其是否与企业领导者的领导风格相辅相成。这能够保证企业在执行其他层面元素时保持一贯的原则，也保证了组织发展具有一致性和连贯性。

华为：军事化企业文化

作为一家优秀的中国企业，华为以一部企业"基本法"赢得了创业期的辉煌。以"基本法"为代表的华为文化反映了任正非雷厉风行的性格和军事化的作风。强烈的危机意识，使任正非的管理理念中略带"血腥"，他认为做企业就需要狼的精神。这种凶悍的企业文化，使华为不仅在中国内地取得成功，甚至在国际化初期也一度令跨国巨头寝食难安。

在创业初期，华为管理的军事化色彩异常突出。据说每个员工的桌子底下都放有一张垫子，就像部队的行军床，供员工午休和晚上加班时睡觉用。这种做法后来被华为人称作"垫子文化"。华为的军事化管理，使整个企业充满危机感和防范心理，员工的精神始终处于高度紧张的战斗之中。

华为还以严明的纪律著称。有一次华为在深圳体育馆召开一个 6000 人参加的大会，要求保持会场安静和整洁。历时 4 个小时，没有响一声呼机或手机。散会后，会场的地上没有留下一片垃圾。

华为的这种文化与其他企业形成了鲜明的对照。然而这种文化管理与任正非本人的个性及其经历密不可分。

作为受人尊敬的企业家，任正非打造的“狼文化”使华为获得了迅猛的发展，华为的狼性文化已经成了企业文化建设的经典案例，吸引着众多企业刻意模仿。

但事实上，很多企业领导并非有着任正非一样的背景。对于企业的管理者而言，自我知觉是确立企业文化较为首要的任务。如果一家公司管理者有竞争意识，那么这家公司一般也会富有侵略性和竞争性；如果一家公司的管理者善于分析并一切以数据为依据，那么这家公司在做决策时一般会以数据指标为依据；如果一家公司的管理者曾经是一位设计师，那么设计可能就会主导这家公司的产品开发……

在确立公司文化之前，管理者可以将自己的特质列举出来，包括擅长的东西、不擅长的东西、需要改变的东西以及你希望一起共事的人的特质，等等。另外，还可以写下在未来两年希望知名媒体如何介绍这家企业的文化，这些都是企业文化较为重要的东西。对于小型企业而言，文化建设可能并不会立刻开始，但这些都是公司未来发展的依托，小型创业企业可以在积累了足够的优秀人才和资金后，再将自己的自我知觉从抽屉中拿出来，指导并建设符合企业特质的文化。

企业文化的持续需要企业建立合适的组织体系、功能结构、监管方式来保证企业文化的贯彻与传播。文化建设不是一劳永逸的事。对于新时代的企业而言，必须建立相应的公关团队或者在已有组织部门中明确相应的职能。

公关团队和相应的责任人的首要任务是保证企业管理者能够在各种场合

谈论企业希望创建的文化，包括在外部会议上和在内部邮件里。此外，要学会利用多种多样的传播工具以及热点事件对于企业文化进行充分的营销，不论是企业的文化故事还是对危机事件的处理，在这其中必须坚持文化发展的一致性，并能够引起广泛的关注，最终实现员工以及用户心中的共鸣，将企业文化作为企业灵魂与原则坚持下去。

整合元素的第二项，则是确保企业的每个员工都了解公司的互联网战略与规划并能够长期贯彻执行。

企业领导以及战略部门需要明确企业未来发展的战略目标，是从产品、营销到运营的整体互联网化，还是仅仅部分环节实现互联网化？企业未来的战略目标是什么？这个关键目标不仅仅是企业的收益，还包括企业的变革、转型等一些更为重要的关键指标。企业内部的各个管理团队，需及时地向企业每个员工说明企业的互联网发展目标，确保企业员工在做任何一项实践与决策时，都能以此目标作为行动的参考，确保企业内部在向整体目标前进的路上保持一致。合理的计划和执行是支持企业互联网化发展的必要业务决策。

比如，对于很多传统的零售厂商而言，互联网零售商的出现与崛起，说明零售产业的互联网化已经不可避免，零售厂商的全面互联网化已经迫在眉睫。在未来5到10年的互联网浪潮中，零售产业的进一步互联网化将会给零售业的发展带来历史性和革命性的变革。五年之后，或许我们今天所看到的大量零售商已不复存在，而今天没有名气的企业或许已经蓬勃壮大。因此，零售行业的企业不仅需要意识到崭新的互联网生态正在形成，更需要拿出行动来切实改变。

苏宁的互联网化之路

苏宁云商董事长张近东在内部会议上，扔下了一个重磅炸弹："苏宁的转型已经进入深水区，我再给大家6个月时间，要见到成效。"

在2013年年末，这张迫切的时间表传递的信息量不可小觑。

如果用一个字来形容苏宁的2013年，唯有“变”字最恰当不过。这一年，苏宁的转型步伐没有一点停顿和迟疑——2月份集团更名为“苏宁云商”，发布“店商+电商+零售服务商”的“云商”模式；6月推进线上线下同价战略；9月推出双线开放平台“苏宁云台”；10月战略投资PPTV；11月举办首届O2O购物节，在硅谷成立研究院，进军海外。

在张近东看来，2013年苏宁做了三件大事：首先是破除组织壁垒，一季度再造组织架构，实现了双线渠道的全面融合，资源的全面共享，成本的统一核算；二是破除价格壁垒，6月推行“双线同价”；三是破除体验壁垒，将原先纯粹销售功能的店面，升级为集展示、体验、物流、售后服务、休闲社交和市场推广为一体的新型互联网化门店。比如全店开通免费WIFI、实行全产品的电子价签、布设多媒体的电子货架，利用互联网技术收集分析各种消费行为，推动实体零售进入大数据时代。

根据企业的定位与战略目的，企业选择将所确立的目标和时间点进行完全的内部化或者外部化公开。内部化意味着企业的战略目标主要保障企业员工能够以此作为准则进行各项生产活动，而外部化则是意味着企业需要将目标对外部媒体公开化，借由战略目标带动整个行业的发展，推动行业整体转型。战略目标的外部化通常出现在处于挑战者位置的企业身上。比如2014年9月万达集团、百度、腾讯在深圳宣布三方将战略合作，共同出资在香港注册成立万达电子商务公司。万达的O2O合作也可谓是传统行业一次大胆的转型尝试。

王健林的万达电商计划

O2O电子商务是最大的蛋糕，但是O2O平台还没有。更多像餐饮、影视文化等可以线上融合的平台还没有出现。

将来这个蛋糕，是电商里最大的。体验类消费会越来越多，不是简单的商品消费，而是文化消费。BAT三大平台，还有其他很多，都是刚刚起步，都在想着如何往线下合作。

现在看不到真正的O2O平台出来，机会对大家是均等的，我们愿意做这个努力，要有真正的互联网思维。大家问该线上往线下，还是线下往线上？其实都是错误的，一定是融合。万达电商是卖服务，不是卖商品。像商场停车，用户下去2个小时排队，从商场出来后到停车场找车找不到，体验很差。如果O2O了，就可以网上定位子，然后通过手机定位找车。

我和马化腾、李彦宏说，万达未来要变成智慧广场。这么大的消费市场，今年超过30万亿元，没有真正O2O。我们的电商五年之间，不包括我们的起始资金，还有外部来的投资，未来总投资将超过500亿元，除了万达自己，还要成立一个开发平台，搞旅游等都可以来我们平台。

企业文化和企业战略是主要的整合层面构成元素，也是企业互联网化发展的基础。框架层面元素与运营层面元素的创立与构成，以及其关注的重点，都将以整合层面元素作为参考而设立。

5.5 框架层面元素的设立

企业发展战略伴随市场互联网化的转型，企业的管理架构必然要进行相应的调整。框架层面的元素确立了企业各个组织的功能及信息传播方式，如同主程序中确立的主要流程模块以及模块的输出结果和传递方式。

框架层面元素的设立，需要对传统企业信息部门进行改革，提高信息的传递速度，利用互联网工具等手段加快不同组织之间的信息传递效率，建立与时代相符的"动物神经系统"。

由于互联网带来的变革使得市场变化如此之快，对于企业而言信息传递速度的提升变得更加重要。企业管理者必须了解信息部门将会在企业互联网化变革中承担极为重要的任务，并通过积极试用各类信息化产品，重视互联网在对内、对外的应用水平及效果，保证企业信息化整体流程运行的顺畅，以及信息传递的真实、无碍。

企业信息化部门（互联网部门）的改革也可以分为对外与对内两种。企业可以根据之前的评测结果及关键实施步骤来确立企业信息化部门的改革重点。

对外的信息化改革是加强信息化、互联网化产品在企业与外部交流中的占比，包括用户、合作伙伴等，通过推出易用、有效的互联网产品或沟通手段，提高企业对市场信息搜集的灵敏度，拓宽用户信息反馈的渠道。比如随着互联网金融的普及，很多具有悠久历史的传统行业正在加快企业对外的互联网化神经体系的建立。以银行为例，目前包括招行、工行、平安、中信、浦发等在内的十多家银行都对外宣布推出微信公众号服务，业务内容涵盖了余额查询、交易明细、投资理财等。

招行微信号诞生记

当人们打开微信公众平台的首页，细心的人们会发现，左下角会蹦出几个“成功案例”的官方推荐，微信官方正有意将招商银行信用卡、南方航空等企业成功利用微信进行 CRM(客户关系管理)的案例进行大面积推广，其中第一个被推荐的案例就是招商银行。

2013 年 3 月，招商银行推出信用卡微信客服，目前已有超过 200 万客户绑定。在此基础上，招行于 7 月初推出全新概念的首家“微信银行”，从单一信用卡服务拓展为集借记卡、信用卡业务于一体的综合服务平台。

“从 3 月 28 日正式对外推出的短短几个月中，我们微信客户端的用户增量非常快。截至 8 月底，招行信用卡微信客户端总关注量超过 280 万人，其中与信用卡绑定的超过 200 万人，是目前关注数较多的微信企业官方客户端。我们的目标就是要借微信客户端重新定义信用卡的服务模式。”招行信用卡中心副总经理刘鹏称。

为了做好微信客服，招行卡中心的主机系统、通知平台和网络都为了配合微信服务平台而做了大量调整和改动。范雨介绍说，最初招行提供消费微信提醒是按照手机短信通知的模型，发送给用户的提醒中会称呼用户的全名，诸如“尊敬的 李明先生”，但在微信界面容易让用户感觉隐私被触犯。

为此招行卡中心把消费提醒中的全名称呼改成只称呼姓。为了这样一个小小的变化，开发团队对两字姓名、三字姓名、复姓及少数民族姓名的分解做了大量工作，在通知系统平台上开发了近万行复杂代码，做了近半个月的测试。

"持卡人看到的是一个渠道和其中的一些功能，但这背后其实是招行信用卡中心为此搭建了一个移动互联时代全新的呼叫中心。无论是主机系统还是主机外围系统我们都做了大量的改造，才能够支撑现在微信对外展现出来的效果。"范雨表示。"举例来说，招行信用卡微信客户端的自助查询回复命中率高达 98%，这 98%的背后则是有强大的知识库来支撑。目前，招行信用卡累积了十年对客户服务的数据，形成了一个庞大的了解客人的智能客服平台中的知识库。这背后，更新知识库和渠道优化的员工就有数十人。"

招行卡中心后台知识库做得足够强大，每天微客服平台自动回复的业务超过 10 万笔，而其中需要接入人工坐席的业务不到 2000 笔。来自招商银行方面的数据显示，在招商银行信用卡微信公共账号上，每天产生近百万微信提醒，其中包括消费微信提醒、账单微信提醒、还款日提醒等，极大地缓解了呼叫中心的工作压力，提高了工作效率。

目前，招行微信客户服务平台上能够完成的服务项目为 79 项，包括还款、促销活动、积分等业务，占招行总服务项目的 71%，其中 90%以上的业务是用户通过自助服务完成的，在这背后，是招行卡中心核心业务系统、语义识别系统、知识库系统、机器人职能引擎、渠道总控系统等多个技术平台的整合与打通。

"我们自身的想法是必须以新的技术来重构业务，不是简单地修修补补。"刘加隆说，"互联网公司以信息流来看待业务，而银行以资金流来看待业务，不同的业务模式有不同的视角，银行可以从这一思维角度的转换来进行业务结构调整。"

通过与用户交互方式的改变，企业信息的传递速度加快了，这就要求企业内部也必须提出与外部反馈速度相对应的处理流程，这些都会推动企业内部信息化水平的提高，改变企业神经系统的活性，促进从外到内的互联网速度的信息化系统的建立，实现企业神经系统的互联网化。

企业内部的互联网化则是关注企业内部信息流转的速度和员工的易用度。在外部市场变化之前，可以率先将内部信息传递速度提高，为即将到来的互联网变革做好准备。企业可以从部门试用开始，对各种互联网化的沟通工具提出反馈的意见和建议，并最终由信息化部门对内部的用户需求进行汇总，并根据企业实际的特点，独立开发或筛选出适合企业的整体信息化解决方案。某企业沟通内部工具的使用示例如图 5.9 所示。

图 5.9　某企业沟通内部工具的使用示例

企业组织结构调整的第二项，则是提升动物型组织的系统性。由企业管理层根据企业发展战略和全局判断，成为各项业务的核心协调人。企业组织借此重新定义企业各部门、各业务模块的含义，打破僵化的组织结构，加强用户的参与度。

动物型组织的系统性能够从企业全局去思考和判断，从整体上去决定企业的战略方向和实现路径。这种系统性能力在上层得益于互联网公司创始人丰富的创业经历，经常在多个项目中取舍。互联网的快速变化造就了他们的"火眼金睛"和对未来热点领域的直觉，能够跳出现有的业务范围和各部门利益之外，进行全局性思考。在执行层面得益于互联网公司流程性文化和项目制运作方式。

"没有固定的上下级关系，只有汇报关系"，表明组织没有僵化的固定形态，随着一个项目的引入或公司出现的新任务，同事间的关系能够随即做相应调整，有效地打破了传统企业的"部门墙"。没有部门藩篱，没有部门文化，使得大家都能够从整体任务和全局功能上理解和执行，提升了整体的系统性思维和运作能力，例如海尔的"倒三角"组织结构，如图 5.10 所示。

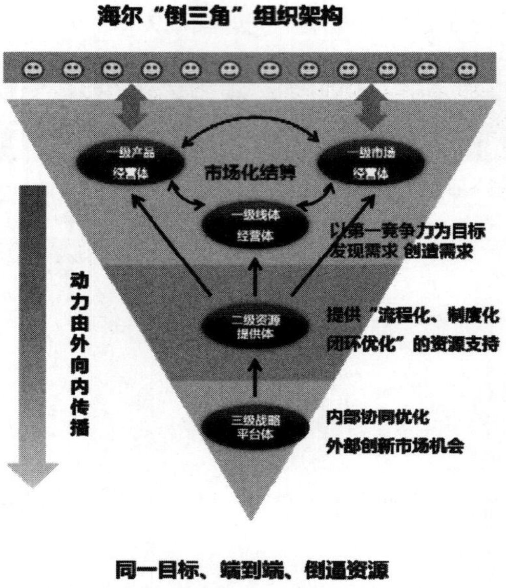

图 5.10　海尔的"倒三角"组织结构

很多企业都已经开始了对组织架构的调整，通过减少组织层次，完成企业组织向小团队、扁平化转变，实现"总部支持中心＋销售服务中心"的转型，提升企业对外部信息的快速反应和执行。

罗兰贝格一项持续 15 年的系列调查发现，目前，40%的跨国公司总部行使着"管理者"职能，25%则行使法律代表和指导的职能，这显然已经不能满足企业的需求。在这次调查中，参与调查的 86 家跨国公司的投票结果显示，最为企业所期待实现的总部职能有**提供战略指导、协调管理复杂的公司架构、推动创新、维护全球工作网络**和**监督全球范围内的政策执行**五项。因此，要想摆脱发展窘境，除财务、人力和管控这三大传统职能外，管理者们还需要花费大力气去思考如何让总部为公司在互联网化中提供高价值的服务。

在传统的企业理论中主要是以企业自身为中心，加强企业生产效率。但是，对于互联网时代的企业，尤其是已经处于互联网漩涡中心的传统企业而言，企业组织的核心则是转向外部，企业各个下属的销售服务中心才是能够快速获取用户信息的“接触点”，因此企业总部的职能从原有的管理，更多的加入了用户、市场与企业之间联系的功能。在新的时代，客户参与、客户体验已成为产品竞争力的重要因素，这决定了“接触点”的重要性。客户与企业的互动要求“接触点”能够快速响应和服务。因此，相当部分的销售、服务的决策权要下移交给“接触点”。但与此同时，因为每个“接触点”的信息获取、处理能力有限，企业总部的汇聚、大数据分析、资源调配能力要加强，实现及时、准确地给“接触点”提供支撑、服务，帮助提高其服务竞争力。在这个过程中，企业总部和“接触点”的能力、职责都加强了，但各有分工，相互衔接。总部的宏观调控、综合分析和资源配置能力与“接触点”的服务客户、满足需求和快速反应能力要相互匹配、相互推进。

这种变化要求传统企业总部的职能急需提升：从单纯的管理者，成为企业各项业务开展的支撑中心，企业总部支撑＋地域销售的模式将成为保障企业快速灵活的重要手段。如表 5.1 所示。正如海尔张瑞敏所说：“你原来是指挥和控制员工的，你现在变成支持员工了。支持什么呢？支持他的预算，协调他的资源，保障他的经营计划能完成、能落地。”

表 5.1　适应变化，运营商的组织变革

运营商	组织架构特点
NTT Docomo	• 织架构扁平，管理层次简化 • 度集中的组织架构，所有决策在总部进行（除部分销售运营外），总部充当经营者的角色，各分公司从运作上相当于销售公司
KDDI	• 为全业务运营商，不是按照业务而是按照客户划分的结构 • 合营销服务资源，市场、服务、产品条线整合
DT	• 客户和产品并行，涵盖了两个客户细分市场（个人和企业客户），与一个产品细分市场 • 部分操作型智能有个分公司负责外，大多数业务与管理职能集中在公司总部 • 核心的共享服务（客服）单独设置部门

续表

运营商	组织架构特点
Telefonica	• 两个大区管理中心，在各个地区采用统一管理 • 战略，预算管理集中化，IT 系统、后勤、采购以及人事统一为保障中心 • 过总部整合（数字业务部），将 7 大垂直方向（视频、应用、财务行业、医疗、安全、M2M 和云服务）与 7 家子公司进行协同

与运营商一样，许多大型跨国公司也将总部由单纯的管理中心逐步向综合的支撑服务中心转变，使其承载超出公司驻地代表、管理以及行政的多种职能。巴斯夫、华为、宝洁、思科、苹果、大众和拜耳等知名跨国企业已经分别在总部的发展上取得成功经验。

通过设置总部支撑中心，可以有效地降低总部成本。调查结果显示，近半受访公司选择通过在全球范围内共享内部服务中心的方式来缩减成本。例如，目前欧洲公司 80%此类服务中心在欧洲，但预计到 2020 年之前，将有 10%的此类服务中心被迁移到亚太地区。

企业框架元素设立的第三项：改变传统公司治理模式，通过新制度、模式的设立，在企业生产中灵活采用外包、兼并等方式和手段。

对于现代企业而言，企业已经从面向内部的，主要依靠自身生产能力扩大生产和降低成本的"植物型"增长改为"动物式"的扩张、吞并，更多地采用外包和并购手段取得发展是企业未来发展中不可或缺的选项。

企业治理模式的改变，首先是梳理互联网时代下企业的业务流程，确立发展中不可或缺并必须为企业所把控的环节。根据环节的不同，对传统企业已有部门进行梳理，明确不同部门的功能和责任，使企业业务流程在保证业务环节自身独立性的基础上，环节之间具有较强的依赖性和连续性。

企业必须在公司内部建立相应的组织结构来保证新的发展方式能够得到有效的执行。这一项结构调整需要企业战略团队根据其战略目标和企业的核心价值与功能，梳理其中不可缺少但企业本身缺少优势的项目。在此基础上，相关部门设立相应的供应链管理制度，并建立相应功能的组织，保障外包、并购的实施，督促企业的战略目标能够得以顺利执行。

ZARA 的外包方式与快时尚潮流

ZARA 的拥有者——西班牙零售商 INDITEX 在快速时尚上可谓先锋。大多数零售商要好几个月才能把新产品推上市场，而 ZARA 只要两个星期。ZARA 的策略并不是领导时尚潮流，而是紧跟潮流。它从大街上、电影里和其他名牌时装秀里吸取灵感，更新自己的产品。

ZARA 认为顾客的需要就是潮流的指标，因此十分重视顾客的需求。ZARA 每个店铺都有一部电子辞典（PDA），店长会实时将一些信息——如顾客的喜恶传回总部。然后 ZARA 对收到的信息进行讨论，根据顾客需求加以改善后再推出市场。

在西班牙，200 名 ZARA 时装设计师掌管着公司的男女和儿童服装线。时装设计师画出新风格的设计，并且决定布料以达到较高的性价比，如图 5.11 所示。设计传送到工厂后做出模型，计算机决定如何剪切最节省布料，缝纫完毕后送回工厂钉扣、熨烫、检验。长达几十公里的地下传送通道连通所有加工商。

图 5.11　ZARA 时装设计

时尚的一大特点就是多变，一部电影、一张专辑都可能改变人们对时尚的看法，而时装最动人处正是紧随时尚。当电影或电视媒体中出现新的流行元素后，ZARA只需几天的时间就可以完成对歌星的装束或顶级服装大师创意作品的模仿。从流行趋势的识别到将迎合流行趋势的新款时装摆到店内，ZARA只需两周的时间，而传统生产方式下，这个周期要长达到4—12个月。ZARA的运输中心每周经手260万件衣服，ZARA每年生产的服装款式超过12 000种，比起它的许多竞争对手，ZARA能在流行时装上提供更多的选择。紧跟时尚趋势、频繁地更新和更多的选择，造就了ZARA对顾客的独特吸引力，从而大大增强了顾客对ZARA的偏好与忠诚度。

卓越的产品信息和库存管理数据系统，使得ZARA团队能够管理数以千计的布料、各种规格的装饰品，以及设计清单和库存商品。ZARA团队也能通过这个系统提供的信息，以现存的库存来设计服装，而不必去订购原料再等待它的到来。

ZARA自己在西班牙拥有22家工厂，其50%的产品是通过自己的工厂来完成的，以保证绝对的快速。其余50%的产品外包给400家小加工厂，它们负责大量烦琐的缝制工作。而且，一个工厂只生产一种款式，这就绝对保证了生产的专业化水平和非常快的速度。这400家小加工厂业其中70%在欧洲，而且主要是在西班牙和葡萄牙，地理位置的便利让这些工厂能够对ZARA的订单快速做出反应，尤其是异常时尚的款式。而剩下的30%则主要在亚洲生产，ZARA向这些地方订"基础型"产品或者在当地有明显优势的产品，这也是ZARA取得成功的关键之处。

制造外包实际上是吸纳整合了其他企业的相对低成本的蓝领人力资源，服务外包则是吸纳整合了其他企业低成本的白领人力资源。从另外一个视角来看，外包又充分体现了公司在竞争行为上从原来的纯粹竞争向合作竞争的重要转变。通过与其他企业建立战略联盟或者通过收购兼并其他企业来强化那些需要加强的业务领域，这种手段已经成为公司迅速扩大经营规模和增强影响力较为有效的途径之一。

5.6　运营层面元素的设立

随着企业框架逐步向对外快速反应的“互联网化”“外包化”和“总部支撑化”转变，组织内部也必然会发生变化。

首先，上至企业管理层下至各部门组织，需要立足本身需求，对人力资源模型进行调整，落实自身人才库体系的建设。

互联网时代的企业竞争，从根本上来说是人才的竞争，因此筛选合适人才、培养优秀人才、挽留卓越人才是企业较为重要和根本的任务。公司必须善于追踪、面试、聘请、评估、培养、重视和留住这样的人才，并总是把与人才相关的工作视为公司最重要的任务之一。

事实上，互联网行业内的人才大战早已经开始。阿里与上百家猎头公司合作，为自己谋划 IT 人才的同时也防止自己的人才流失；腾讯则是从基础人才培养做起，从培训生时期就对员工进行培养，并通过良好的晋升途径和发展规划留住人才，如图 5.12 所示。互联网时代与任何旧时代的企业相比，更加关注每个人的成长，给他们提供优厚的环境，让他们能够发挥出 100%甚至 120%的力量。

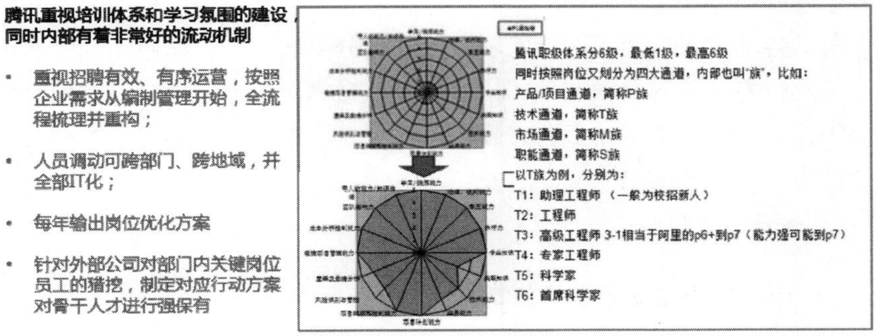

图 5.12　某公司人才职级体系及人才培养

对于互联网时代的传统企业而言，转变对人才的态度，理解“一个天才能够养活数百万人，而创造力是企业成功较为重要的助推器，因此我们需要雇佣优秀的人才"是新时代企业需要更加关注的重点。

企业不仅需要通过重新梳理对企业人才管理的全流程进行查缺补漏甚至于重构，来帮助企业更好地挖掘优秀人才，还需要在企业各个组织部门中，更加重视学习氛围的建设以及针对性的培训体系，带动企业内部的人才不断向着更为优秀的领域前进。同时，管理者需要将人才管理体系全部 IT 化以及互联网化，以人员的动态流动速度和有效性作为企业考虑的要点，让人才能够更快地寻找到能够发挥出 100%～120%能力的位置。另外，优秀的人才通常拥有独立的思考能力，企业的职责就是将人才的能力完全地激发出来，并组织各种资源来帮助这些人来实现他们的目标。最后，企业的人才管理流程也是一个动态的过程，企业处于不同阶段时会有不同的人才需求，对于人才管理的流程也需要根据各组织部门的需求变动，能够及时有效地输出岗位优化方案等。

其次，随着具有相当能力的人才聚集，中、小团队将会在组织中更加普及，企业各部门需要在管理中灵活实施各种组织模型。

在互联网化更加深入的未来，传统企业中的小团队的数量将会快速增长。很多传统企业中，尤其是传统企业互联网团队中已经出现了部分小团队，这些小团队通过比大团队更加快速的决策和执行能力，带来了更加多样化的业务创新，比如互联网金融大战中，传统金融业的各家公司，便依靠互联网小团队迅速推出了多种多样的业务和产品，包括：中国平安的互联网金融业务从生活切入推出了陆金所、万里通积分平台、网上车市、网上房市、第三方支付等互联网金融业务；招行发布智慧供应链金融平台、信用卡智能客服平台、敦煌网生意一卡通、微信银行等。这些小团队实现了多种业务以及便捷服务的快速推出。

海尔的小团队新型承包制度

分市场到团队，抢到的目标不同，参与分成的薪酬基数也不同，海尔称之为"温度计"。就是把给用户创造的价值按竞争力水平在温度计上分成 5 段，最好的叫分享，往下依次是提成、挣工资、亏欠和破产。

“有点类似农村包产到户的承包责任制，海尔是把市场分到团队。”海尔企业文化中心负责人汲广强表示，这个机制简单地说就是缴足企业利润，挣够市场费用，自负盈亏、超利分成。市场费用过去可以报销，现在不可以，要看损益表是不是亏损，如果亏损，那么这个费用自己埋单。出去住不住高级宾馆，能挣出来就住，挣不出来就不要住。挣到市场费用和向公司上缴的利润之后，剩余的才是自己的。

海尔每个自主经营体有“三张表”，损益表、日清表和人单酬表。王建表示，损益表可以知道差距在哪里；日清表就是研究怎样把差距弥补掉；人单酬表就是根据损益等指标，知道自己每天赚多少。每天系统都会有体现，手机短信也可收到“人单酬”账户盈利情况以及每天的差距。

“传统财务报表以资本为中心，海尔自主经营体核算体系是以员工为中心，更好地适应了互联网时代营销碎片化和需求个性化的特点。”张瑞敏表示。

从现在起，传统企业就必须考虑如何更好地包容小团队，企业各部门管理者的任务就是根据各个部门的实际情况，改变过去传统的组织管理流程。包括如何让小团队增加尝试的可能性，让企业能够不断尝试尽可能多的新生事物；如何做好决策权的下放，让小团队能够有决策权，这会使得人才能够对公司具有更多的主人公意识和责任感，改进工作的氛围；最后是如何通过优秀的团队实施框架，帮助小团队更快地建立较为完备的流程管理方式。通过经验的传承，让小团队对于失误的调整处理更加顺利，提高整体的工作效率。

最后，企业需要改变传统的绩效管理方式，容纳多种多样的考核模式，适应组织中大量存在的中小规模团队。

海尔在建立倒三角的组织结构后，对销售人员的考核，不再是简单的市场份额、销售数据，而是把用户黏度作为重要的考核项。张瑞敏表示：“对企业来说，核心竞争力就是其获取用户资源的能力。核心竞争力与核心技术及核心产品不完全是一回事。对于企业来讲，需要获得的是核心竞争力。如果我有了这个能力，我就可以获取核心技术和核心产品，而不是反过来。”一般的制造销售企业考核要看销售指标、回款多少、利润多少，还有就是市场份额，而对于海尔而言，还增加了更重要的两个指标，即用户指标和用户黏度。海尔的 T 横式管理方案如图 5.13 所示。

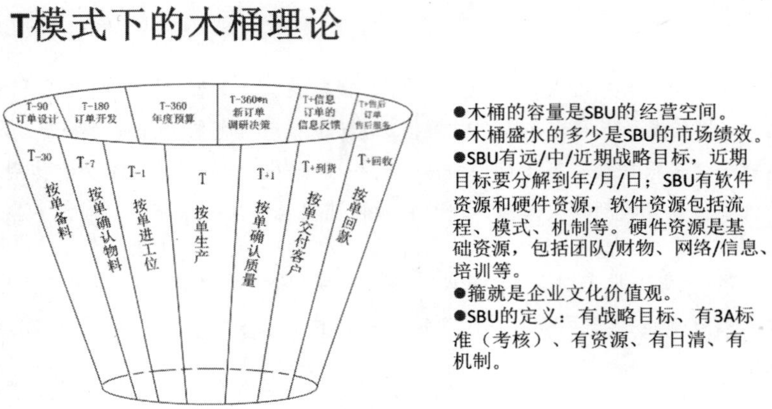

图 5.13 海尔的 T 模式管理方案

就如同海尔一样，不同的组织可以根据自身输出框架的区别，主动选择不同的考核方式。如强调创新的 OKR 式考核，或者强调保证质量完成的 KPI 式项目考核，甚至企业可以根据关注点的区别，制定出属于企业、组织自身的考核方式。KPI 和 OKR 异同点对比如表 5.2 所示。

表 5.2 KPI 与 OKR 异同点对比

OKR			KPI	
相同点	前提	企业存在明确的价值取向和目标 员工职责明确；企业愿意支付一定的考核成本		
	假设	员工会采取一切积极的行动努力达到事先确定的目标		
	指标/目标生产	在组织内部自上而下，公司与个人同时参与，共同确定指标/目标		
不同点	定义	是一套定义和跟踪目标及其完成情况的管理工具和方法、工作模式	定义	是根据企业（功能）结构将战略目标层层分解，并细化为战术目标，来实现绩效考核的工具
	实质	管理方法（测量员工是否称职）	实质	绩效考核工具
	本质	我要做的事	本质	要我做的事

续表

<table>
<tr><th colspan="3">OKR</th><th colspan="2">KPI</th></tr>
<tr><td rowspan="2">不同点</td><td>关注点</td><td>关注的是员工有没有好好干活儿。它存在的主要目的不是考核某个团队或者员工，而是时刻提醒每一个人当前的任务是什么</td><td>关注点</td><td>关注的是财务和非财务指标，默认工作完成的情况对于财务结果有直接影响，侧重考核工作量</td></tr>
<tr><td>导向性</td><td>KRs 是产出导向（Outcome based）而不是做事导向（Task based）。所谓产出导向就是关注做事情的成果，而不是仅仅关注事情做了没有</td><td>导向性</td><td>纯粹的结果导向</td></tr>
</table>

5.7　总结

不论是对互联网公司，还是对曾经一统天下的传统企业而言，我们都在面对一个大变革的时代。

在互联网巨头和创业者批量涌入传统企业互联网化转型所带来的各种机遇时，很多先知先觉的传统企业也已经开始布局，开始“触网”，一路踉跄地尝试着做电子商务，做新媒体营销，但似乎都没有太好的效果。于是乎行业中弥漫的“互联网焦虑症”成为了传统企业的通病，很多企业都在对互联网的“不明觉厉”中恐慌着。

事实上，对于任何的环境变化，最重要的仍然是冷静应对。必须首先摸清企业目前所处的环境和位置，明确判断企业处于何种阶段——外部市场的情况、企业内部是否已经发生了变化，并最终察觉企业是否已经到了变革的时期。

其次，企业还必须意识到，互联网化永远不会是一个独立的里程碑或者一个孤立的项目。通过对互联网时代的进一步了解，对企业的未来进行大胆的规划和设计，以成功获取互联网化时代的整体收益，它是一种要历时数年的企业转型。企业必须时刻准备顺应潮流而改变其组织形式，因为每一次变革都是企业的一次生存竞赛。值得注意的是，这种变革永远不是简单的模仿其他公司，而是根据企业自身情况量身定制。就如同一个人本身很难同时拥有两种截然不同的灵魂价值观一样。对于企业，尤其是拥有一定历史的传统企业而言，不可能借用其他企业的灵魂进行发展。企业需要认识到，当企业存在外部引入与内部自生的两类价值观时，就可能会引发对资源的无序争夺与不合理分配，最终引起企业某种程度的"混沌"，这种混沌的结局是难以意料的。

互联网化是一种运营模式与组织结构的创新，它会给一家企业的方方面面带来积极影响。无论是对正面临着互联网同业挑战的企业，还是仍未强烈感受到互联网波及的企业而言，它都应当是管理层议事日程上的一个重要事项，需要高度的认识与关注。

导读

这是一个机会与挑战并存的新时代，互联网的扩张势不可挡。在未来十年内，地球上的人与事物都会被互联网稳步的扩张所改变，传统企业也不例外。正如贯穿全书论述的那样，企业组织的改变对于企业而言是最为基础也最为必要的改变之一，是企业的核心竞争力。

本章即是对全书整体性的总结——对企业组织发展过去的经验以及现在我们所见到的动物化的企业变革，同时也提出并试图解决互联网化途中尚未解决的一些疑惑，是否所有的行业都要互联网化、是否所有的企业都将进化为动物型企业、如何把握这个进程的快慢、传统企业所面临的集约与分散的矛盾如何选择等。希望通过我们的研究，通过这本书，能够给这些勇于挑战自我的企业一些提示，希望各个行业，特别是传统行业的有识之士能够与我们一起共同努力，推动互联网新革命的发生，推动商业社会的新飞跃。

第 6 章 互联网大潮下组织的未来

面对移动互联网的冲击，“如果说有困难的话，那么最大的困难肯定在我。我手下互联网队伍很好，但是往什么方向变，资源怎么调动，战略方向的转移，永远是企业一把手的事情。”

——俞敏洪

6.1 机会与挑战并存的新时代

现代管理学之父彼得·德鲁克曾经说过，如果你想要获取一些新的东西，那么你就必须舍弃一些旧的东西。正如其所言，创新思维是做成一件事的关键，但不是绝对因素。

联想的新问题

颐和园东门的一边，隐藏在民居院落中的一座建筑，犹如一处世外桃源。秋天的阳光洒在青砖红门上，让人有种时空交错的错觉，颇有几分遗世独立的意味。

2014 年 11 月 24 日，联想控股董事长、联想集团创始人柳传志和 10 位知名互联网创业者与知名媒体人参加的闭门会议就在这里进行，这位创始人要和大家探讨一些他关心的"新问题"。

在这次会议上，柳传志提出了自己对于联想的新设想。"船大难调头，但是船大了以后你可以通过投资生出小船来，你可以把小船扶植成大船，大船本身再逐渐发生变化，我觉得人只要是真的弄明白，有这个学习能力，还要能够组织更有能力的人，这还能行，你说我不行了，我还真不服气。"柳传志说。

他以中国互联网的发展为例，"从 2000 年到今天，当时较大的是新浪，之后是搜狐、网易，还没马云、马化腾什么事，但是后来在不断地总结中，人家小船起来了。"

"总体上讲，我觉得小船光脚的更好走，穿鞋的主如果敢把皮鞋扔了，我也光脚，尽管我的脚嫩点，走到沙子上疼点，但我可以把皮鞋卖了，拿出钱来，一步一步，弄个草鞋先穿上，最后再光脚也可以。钱还是有用的东西，但是确实要有一个敢于否定自己的心态。"

未知往往是令人心生恐惧的。互联网打破了整个社会进化的节奏。通常传统行业，如纺织、汽车需要一二百年才由盛走到衰。而互联网时代，一个行业几十年就完成它的宿命。移动互联网呢？没人再想基业长青，BAT 还有万亿市值，人们却在寻找它们的颠覆者。互联网的快速发展与颠覆，给传统企业的管理和发展提出了巨大挑战。很多传统企业面对扑面而来的互联网颠覆者，踌躇、疑惑、害怕，甚至充满愤怒——在这种愤怒中，包含的是他们对传统企业难以重拾辉煌，很快会被互联网企业所取替的恐惧。

然而事实上，互联网的扩张势不可挡。在未来十年内，地球上的人与事物会被互联网稳步的扩张所改变，传统企业也不例外。这一系列非凡的发展，将改变你、我，以及企业接触客户、员工、合作伙伴和资产的路径。正如柳传志所说，对于认真思考互联网将会带来的影响并为此而改变的传统企业来说，现在才是开始。只要能够清楚地认识到互联网对市场的改变，认识到所处环境的变化，认识到互联网将会给企业带来的一切好处，通过不断地变化、创新、调整，企业的管理就会因为互联网而迸发出新的生命力，终会有一些公司得出这个时代最终的解答，并创造出新的方式，成为时代的企业，成为下一个“黄金一代”。

柳传志在对联想提出建议的丁辰灵的复信中说：“总之，面对互联网大潮的到来，一不能做鸵鸟，躲是不行的，要努力学习；二要注意学习方法，这其中较为重要的是具体问题具体分析。”

6.2　过去的经验

在本书的第 2 章和第 3 章，一直在强调这样的观点：企业组织的变化是不同时代人类生产力与其需求之间不断平衡的过程。正如第 2 章所总结的，企业组织从最初的家庭式中心结构开始，到直线式组织结构的诞生，到 20 世纪提出的进一步的改良结构——矩阵制和事业部制，企业组织在不断的进化，并最终导致了企业组织的革新，影响着一个时代的特征。不同时代人类的进化与发展，带来了整个生产力与其需求之间的不断平衡。

互联网至今已经诞生了 50 余年，它首先带来了全球化的加速。而这也引起了生产力的进一步提升。因此，观察过去，我们能清晰地看到，在世界上大多数互联网发达的市场，社会正从企业引导的生产力决定型，向需求决定市场的时代进化，而全球选择与过剩经济，使得赢者通吃的马太效应正在被强化。

凯文·凯利笔下的"失控"状态，正伴随着网络人口的不断扩张，向商业世界蔓延——通过网络用户自发地形成了趋利避害的特性，而这种特性是全球性的，用户有多种多样的选择路径，以人为本的时代真正到来。在互联网时代，行业内的竞争，不再是超市货架上邻近产品之间的竞争，而是没有尽头的互联网货架上千千万万的产品之间的竞争。

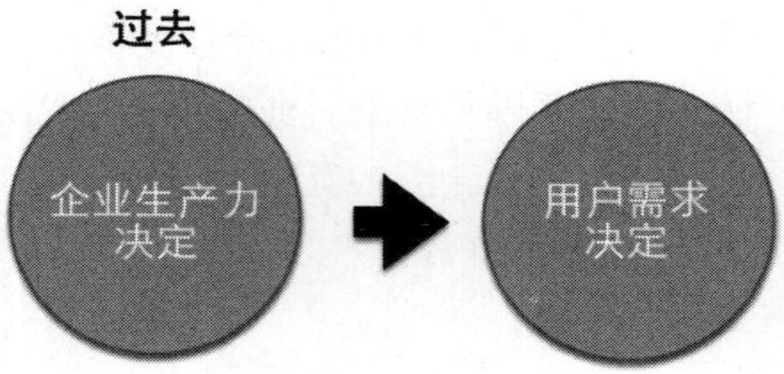

正如书中所描述的，这次变革是以互联网作为代表，而基础和核心的变化将是生产力与需求的彻底逆转。这种生产力与需求的逐渐改变，使得传统企业受到了来自时代的剧烈挑战——在新的时代，各大公司跌出标准普尔500指数的速率正在加快。1958年时，一家公司有能力在榜单中停留61年之久；而到了 2010 年，各公司的平均停留年限仅为 18 年。

为了保持自己的竞争优势，企业已经开始学会适应时代的不断变化。而互联网为企业组织的变革带来了外部推进力。

在这种推进力的影响下，首先变化的是企业面对客户、面对需求的方式。需求与生产能力的逆转，使得需求的重要性大大提升。企业由面向内部提高生产效率的组织型，向着更加外部化，更加易于获取市场需求变化的方向发展。

这种更加面向外部市场的需求，在传统的企业组织结构之上，带来了更多的企业组织形式。比如，稻盛和夫的阿米巴企业的出现——依据企业价值链环节横向切分，各阿米巴之间借助内部价格体系建立交易关系，通过大量的小团队来加强对外部环境的观察力与处理能力。

今天互联网的浪潮更是进一步催生了各式各样的阿米巴变形体，比如倒三角式的自主经营体组织形式——根据距离用户市场的远近将经营体划分为三级，一线经营体拥有充分的决策权力，以满足用户需求、创造用户价值为中心来倒逼二级资源平台和三级战略经营体提供资源、战略及专业支持。企业越来越明白，谁更接近用户，谁就更有产品的生命力，谁就更具有价值，当然谁就更能流行起来。

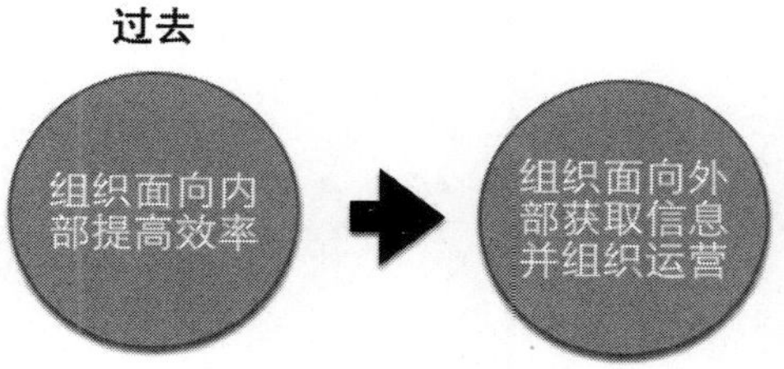

另一项已经发生的变化来自于互联网对组织内部的改革。各种新兴的沟通方式拉近了我们的直线距离，但减弱了我们传统生活中的秩序性——企业内部人与人的联系在逐渐偏离传统社会的既定秩序和方式。由于网络的影响，企业成员之间更多的是如同朋友般的交流。这种变化进而影响了组织内部不同个体之间的关系以及上下层之间的交互方式。

互联网倡导的人人平等，已经从技术走向了现实生活。传统的金字塔关系正在被网状分布的关系所替代，人和人之间的关系已经不存在谁一定要依附谁的关系，卷入度低，合则聚，不合则散。

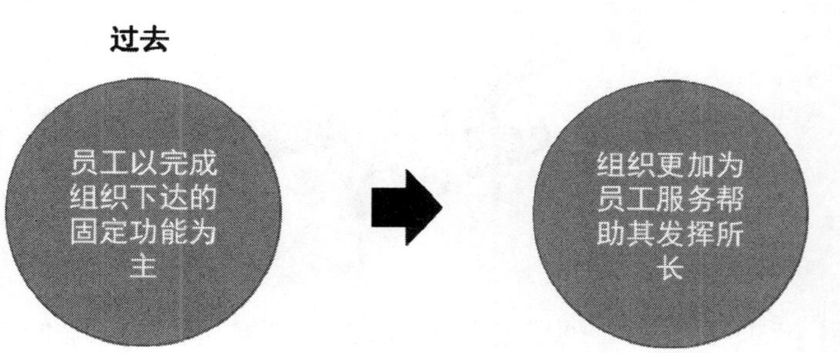

镶嵌关系具有极大的自由性——新时代，员工与企业之间不再是家族式企业的强耦合。人们会为了快速实现目的而转换自己的位置，切换不同关系的远近。因此，曾经的企业与个人的天平也在向个人偏移。当一个位置不能满足个人的需求时，互联网时代的从业人员选择了快速更换到其他公司、其他环境。

而公司与个人的趋利性会逐步导致资源的配置最终会流向更具有优势的位置，企业组织从曾经的上传下达式，向着员工方向倾斜，更加为员工服务，助其成长。而事实也证明了，只有这样具有优势资源、适应时代发展的企业，才能在这个新的时代迅速崛起。

6.3 现在的趋势

2014 年是一个“非常值得纪念的年份”，因为是互联网正式进入中国 20 周年。而在这 20 年的时间里，无论是已经在全球拥有一定地位的、体量巨大的传统企业，还是刚刚升起的明星企业——如刚刚 IPO 并跻身全球 10 大互联网公司的阿里巴巴、创业 4 年多即达到 700 亿产值的小米，还是纷纷在纳斯达克敲钟的京东、唯品会等，在总结企业成长成功的经验时，其创始人都会谈到，企业的核心价值观与管理基础是引导企业走向成功的根本。组织架构作为企业管理的一个重要载体，在今天也正在发生着一些新变化。

6.3.1 互联网企业：分拆与共享

2014 年 9 月 19 日，阿里巴巴在美国纽约证券交易所挂牌上市，首日报收 93.89 美元，市值破 2300 亿美元，一跃成为全球第二大互联网公司。阿里

从一家互联网小微企业走进组交所，是中国互联网经济发展的一个重大里程碑，意义深远。

纵观阿里巴巴十年历史，从最早的 B2B 业务到创建淘宝进入 C2C 领域，再到打造支付宝进军互联网金融，阿里巴巴成功地走出了一条有特色的多元化之路。这一系列多元化的举措促成了阿里电子商务帝国的建立，而其组织也在不断配合阿里帝国扩张中形成了一套灵活、多元化的组织体系。

阿里的组织通过分拆事业部，管理也在一步步走向更加多元与分散。2014 年 1 月 10 日，阿里巴巴在杭州宣布，面对未来复杂的商业系统生态化趋势以及无线互联网带来的机会和挑战，为了让组织能够更加灵活地进行协同和创新，集团现有业务架构和组织将进行相应调整，成立 25 个事业部，具体事业部的业务发展将由各事业部总裁负责。如图 6.1 所示。

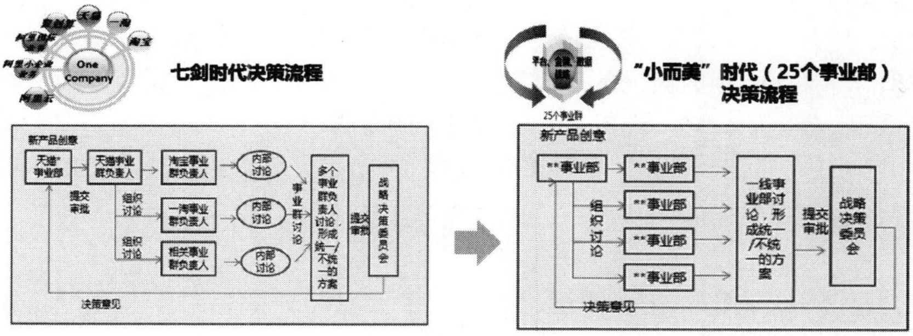

图 6.1　阿里组织架构变化前后的决策流程

在随后集团董事局主席向全体员工发出的名为《变革未来》的信件中，马云写道，本次组织变革的方向是把公司拆成“更多”小事业部运营，给更多的阿里年轻领导者创新发展的机会。我们不仅需要看到相关业务的发展和他们团队、个人的成长，我们更希望看到他们各自的小事业部可以把我们的商业生态系统变得更加透明、开放、协同、分享和美好。

其实这种分拆事业部，早已不是阿里一家的行动。腾讯也在进行着多元化以及分拆的过程。2012 年 5 月，腾讯推动组织架构调整，划定六大事业群，并在事业群内推进“小公司”精神。在腾讯的重组中，社交网络事业群整合了即时通信平台 QQ 和两大社交平台 QQ 空间、朋友网。移动互联网事业群仍囊括了大部分无线产品，包括手机浏览器，手机管家等重要产品。2014年5月，腾讯成立微信事业群，将支付、以“微生活”为主体的生活电商，以及彩票等团队归到这个事业群下。张小龙在内部邮件中称，微信事业群将负责以微信为基础，建设移动互联网社交、开放与O2O平台，为用户提供即时通信与线上娱乐、生活和商业化的综合性服务，创造更多价值。

而在2014年，拆分的案例变得更多，大众点评网、京东、360等，一时间组织拆分似乎成了所有互联网企业新的发展方向。拆分的原因来自于互联网企业在加速扩张后不同业务的必然需要。在中国互联网成立已超过20年的今天，所有成长起来的互联网企业几乎都从单纯的业务开始向其他领域进行大规模的扩张。从地域上来说，互联网企业正在从一个城市向多个城市发展，甚至从中国向海外发展，不同地域的差异性带来了组织的扩张以及不同地域的差异化服务需求，而这些必须通过大量的团队来匹配需求的差异；从业务上说，几乎所有的互联网企业都在向不同产业进行多元化扩张，如金融业务、支付业务。以大众点评为例，2010年之前，大众点评的组织目标比较单一，各部门完成自己的工作就可以了；从2010年开始，大众点评增加了团购业务之后，“小而美”的组织架构开始越来越重，因为团购需要海量的一线销售团队做支撑，并且团购销售团队和原先的销售团队的风格不同，不仅需要不同风格的团队领导，更加需要组织上的变化来适应。

从大一统的集中化开始逐步走向业务独立与分散，对于互联网公司而言，一条线统领的时代已经过去，而将业务分散的“事业部”制度，已经成为了必须。

把公司拆成“更多”小事业部运营，能够带来灵活的发展，小团队（事业部）自成体系，具有明确的方向和分工，能更加闭环高效地完成决策机制。事业部具有产品运营的完备职能：产品研发、市场/营销、产品运营等，机构设置“小而全”，而这种机构设置将传统的决策链条缩短，更易于由前线需求部门直接决定，拉近决策者与生产实际的距离。业务单元具备产品运营的要素，缩短决策链条。事业部制度同时还能保持业务，给更多年轻领导者创新发展的机会，对于互联网公司而言，不仅需要看见相关业务的发展，也需要团队和个人的成长。

值得注意的是，尽管互联网公司在不断的分散——各个业务逐渐从母体中脱离与独立出去，但互联网企业作为整体，仍然保持着资源的集中，甚至加强了资源的集中度。腾讯整合原有研发和运营平台，成立技术工程事业群（TEG），涵盖了研发、运营和用户体验几大专业化的核心团队，分别服务其他各事业群。TEG 由原来的研究院和运营线组成，包含技术运营线及搜索平台线。其中技术运营线为腾讯提供互联网行业运营解决方案和服务支持，运营着全亚洲较大的网络、服务器集群和数据中心，其中包括支撑腾讯为亿级用户业务发展服务的基础架构云运营平台、云数据处理平台、互联网应用支撑服务平台，以及云计费服务和安全保障。而搜索平台线负责搜索引擎基础技术、网页、无线、垂直类产品及问问、百科等社区搜索产品的研发和运营，为搜索引擎产品提供技术和数据支撑；同时负责搜索广告、搜索引擎等产品数据挖掘的分布式存储和并行计算平台的管理运营。在腾讯，TEG 如同“专业服务伙伴”一样，为腾讯其他业务保驾护航。正如马化腾在成立 TEG 事业部时的信中所说：“我们也聚合技术工程力量，发展核心技术以及运营云平台，更好地支撑未来业务的发展。”腾讯正是通过 TEG 的成立充分发挥大平台优势，同时支撑腾讯其他业务始终保持小公司的小快灵特色，保持对技术、趋势的敏感度。

而资源集中的另一个典型，则是阿里巴巴集团的基础数据业务事业部。阿里巴巴的基础数据业务，可以分为两部分，一块是提供给阿里巴巴集团高管和员工，另一块则供给外部，包括大淘宝平台上的商家等。阿里巴巴在支撑其他业务的同时实现了自身的产品化，真正将大平台支撑与业务独立开来，实现了技术服务能力不仅服务于各项业务，并且指导业务发展。

从 2007 年阿里软件与阿里巴巴集团研发院合并以来，阿里集团不断地贯彻“大淘宝”的平台战略，不仅成立了数据平台事业部、信息平台事业部等服务于大量业务后端的事业群体，并在 2013 年将阿里云计算与万网合并为新的阿里云事业部。马云曾在 2012 年公开宣称“平台、数据、金融”是阿里集团和阿里小微集团未来的指导路线，事实上，这一切都脱胎于阿里集团贯彻的资源集中能力。

在 2013 年阿里的大调整中，阿里最终形成了由底向上的三部分基础支撑体系。这三层架构，可以理解为阿里云是 IasS（基础设施即服务），阿里数据平台事业部是 PaaS（平台即服务），而阿里数据产品线则是 SaaS（软件即服务）。通过三层架构的建立，使得业务的支撑能力来自于云和大数据平台的技术部门，数据来自于各个业务单元，成果则是更加服务于各个业务单元。

资源的共享化发展，使得互联网企业在战略的决策上能够保持自下而上，通过资源的共享、数据说话，互联网企业能够更好地贴近用户。以数据为驱动，使企业的业务能够精准地触达用户，并不断在实施过程中进行优化。通过理解消费者，基于有效的大数据执行，来抓住每一个与消费者互动的机会。

6.3.2 传统企业：集中与融合

与互联网企业的组织调整对应，传统企业也在进行组织架构的调整。然而，与互联网企业的不断分散对应，传统企业的调整则更多的是将分散集中，将不同业务进行融合。

"线上线下数以千万计的大小商家搏杀于红海，失血于无序的竞争环境。中国零售业正处在历史的危急关头。"2013 年 2 月 21 日，在南京举行的新战略发布会上，苏宁董事长张近东如此描述中国零售业的现状。在当天的发布会上，苏宁宣布进行大规模的组织架构调整，将之前的独立公司性质的苏宁易购拿回到总部体系中，变为电子商务经营总部，与连锁平台经营总部、商品经营总部，共同形成三大经营事业群、28 个事业部、60 个大区的新架构。如图 6.2 所示。

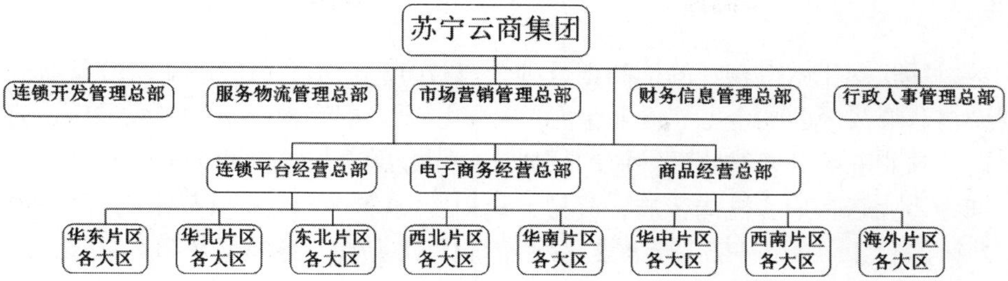

图 6.2　苏宁调整后的组织架构

苏宁易购此次的重大变化是将原先的采购职能收回到集团商品经营总部，这个部门统一负责各类商品的经营管理，不再区分线上线下采购。而苏宁易购将专注于电商平台的业务管理，成立了本地生活事业部、商旅事业部、数字应用事业部、云产品事业部和金融产品事业部等新部门。至此，苏宁易购的采购、物流、财务管理等职能全部被上收到集团，与线下门店的相关职能合并，统一采购，统一管理。

2014 年 2 月，苏宁又进行了一次大调整。连锁平台经营总部和电子商务经营总部（即苏宁易购）合并，线上线下两大平台的运营、市场营销职能最终合二为一。这意味着，苏宁易购在此轮调整后将完全融入集团，不再独立运作。在苏宁的各地分公司，绩效的计算方式已经悄然发生调整，苏宁易购的业绩考核任务开始与门店合二为一，各地区公司既要负责门店运营，也要承担易购在本地区的销售业绩。

无独有偶，与苏宁一样，银行的机构改革与组织调整也如火如荼——同样也是以集中与融合为主要特征。

中国银行，将人力资源部的 13 个团队精简至 8 个团队。撤销公司金融总部的国内结算与现金管理模块，国内结算与现金管理模块柜台的九个团队划入北京分行，国际结算的三个运营团队——综贸运营、运营协调和出口运营划入单证中心。

工行则压缩原有部门中心，撤销多个二级部；原来的近 47 个部门机构调整至 26 个一级部、5 个二级部，以及 3 个部门管理中心；利润中心将增至

11 个。改革后，工行总行将形成营销管理、风险管理、综合管理和支持保障四大板块。

互联网化做得较好的招商银行则是在 2013 年年底就完成了对公条线的调整，形成了公司金融、同业金融总部的设置。招商银行正在形成零售、公司、同业三业务条线协调发展的架构。公司金融总部内设两个部门，进一步细分为战略客户、机构客户、贸易金融和投资管理等。其中战略客户部下设 7 个子部门，每个子部门负责 2～3 个行业，研究其业务类型及服务需求，从而提供对应的服务产品。如图 6.3 所示。在这种调整措施下，截至 2014 年 6 月末，招商银行总资产为 5.03 万亿，较一年前的 3.81 万亿增长 32.02%；其中，上半年总资产增加 1.02 万亿，增幅为 25.31%。这样的成绩让一位招行内部员工在接受采访时这样说："今年对相对短板的对公条线进行了整改，整改力度是历史上从未有过的，并且取得了明显成效，对公存款增加这么迅速，我们也没想到，已经超出年初的计划。" 而这次"架构调整总的方向是总行管理部门和协调部门精简，把资源和火力向一线倾斜；原则是集约化、专业化、扁平化，最重要的体现是把客群管理和产品线开发分开，由专门的部门负责，各司其职，流程更清晰了。"招商银行组织形式的调整如图 6.3 所示。

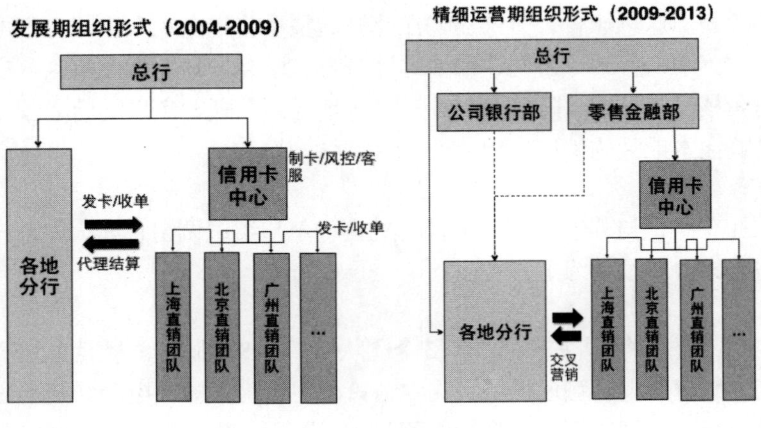

图 6.3 招商银行组织形式的调整

对于传统企业而言，业务扩张期形成了大量的业务部门，新业务通过独立的部门形式独立发展已经是多年来的传统。而互联网的到来，提高了信息传递的效率，同时部门效率被大规模地提高了，如何将多种业务进行再造、融合，形成新的核心竞争力，反而成为大量传统企业组织发展的趋势。

在这种融合中，总部集中成为了大量传统企业集中化转型的重要一环。比如，招行的公司机构改革中，把大型公司客户管理权限由分行统一上升至总行，提高了客户管理层级。其中，综合贡献度较大的战略性客户由战略客户部统一管理，机构客户部则负责财政、学校、医院和社会团体等政府机构类客户，总行公司金融总部下设的营销支持中心负责大中客群管理。

总部集中处理就是将分散在集团范围内的相同或类似的业务操作在物理上集中到一起，通过逻辑层面如流程等的统一，获得比分散处理时更大的经济性。相对于分散处理，集中能够提供更低的成本和更高的效率。而“母合效应”则决定了总部是更为有力的资源整合主体。总部作为集团中唯一“看得见全部底牌的人”，能够在事业部以上层面科学合理规划业务发展，将较稀缺的资源投入到对集团整体收益最大的部位，创造较大的边际收益。

6.3.3　未来走向统一：小团队、大平台

不论是互联网企业的规模扩张带来的业务分拆，还是传统企业受互联网影响带来的业务集中与融合，双方现在的改变正在向我们展示互联网时代新的组织体系的产生。这种新的组织体系将以小团队、大平台的结构作为代表。

来自于企业从外向内的信息传递速度加快，要求企业内部的处理速度也必须相应的加快，整体组织与运行流畅度必须改变，能够实现与外部反馈速度相对应的快速处理流程。小团队给传统企业带来的是扁平化，是组织结构的精简，部门的融合，权力的上移；给互联网产业的新企业带来的则是业务的分拆，企业内部小公司的出现，权力的下放。

小团队战略的实施，需要互联网手段在企业中的进一步深入。这种趋势是逐步扩散的，企业更多的选择互联网的方式与客户交流，与员工交流，推动流程的快速确立——正如我们在第 4 章提出的"电"神经系统，企业必须改变传统的笔、纸等信息化录入方式，通过易用、有效的互联网产品，增强企业对整体市场信息搜集的灵敏度。

当大量用户、合作伙伴数据能够通过网络的方式与企业交流时，这些数据会自然地沉积到企业内部的信息数据库中，这些数据就能够更加简单的被企业获得，更加及时的为企业做下一步趋势预测所用。提高处理流程的速度，需要针对不同行业、不同的原始组织结构进行精细的调整。外部使用互联网与企业交互的用户量越大，企业内部改革的速率也就越快——组织结构的扁平化也将伴随着用户需求自然地发生。

小团队更多的是面向业务，强调的是业务的闭环性。确立不同部门的输出期望，调整部门输出能力的关联性，其输出的能力和功能能够得到其他业务部门的检验。这种结构的设置将会减少企业总部在企业整体业务环节中的参与性和管理职责，更多的转向为企业的业务战略职责和作为多项业务部门的协调核心，把控整体企业的发展和走势。小团队中事业部具有产品运营的完备职能——产品研发、市场/营销、产品运营等，机构设置"小而全"。这一点在第 4 章"动物系统性"中进行了详细的描述，企业正如一套复杂而完整的程序设计，不同的子程序（如事业部）之间具有良好的抗干扰能力，该业务领域内部的员工可以不受外部的影响，专研自身领域内的活动。

系统性的另一表现则是集中，是为了便于未来的变动和发展需要，企业领导者需要更强的远瞻性。时代永远是动荡的，组织能做的就是保持动态平衡。企业领导会根据这种对业务形态的不断清晰，完善企业内部各个组织部门的设立——这种组织与部门的设立不再只是为了完成单一的生产、销售过程，而是根据企业战略目标，进一步对业务流程进行梳理，确立发展中不可或缺并必须为企业所把控的业务领域，通过建立多个产品、业务和环节线条，使企业推出的不同业务能够在内部自成体系，企业的共享能力能够形成一个大平台，为业务发展做好强大的后盾，最终在企业内部形成一套顺利流通的正循环。

资源的集中化、平台化是系统性的保障。而这些资源当中，有一项资源不可忽略，那就是“人”的集中——现代企业更加明白“以人为本”的理念，建立企业文化平台，是维持好组织架构，促进价值观统一的保障。

企业即人，管理即借力。所有的管理工具都只是手段，企业的资产要增值只能靠人，所有企业管理的优化都应靠开放系统借来的一流人力，而非自我封闭，靠身边的几个人打江山。

在前面几章中我们一直将“人的因素”放到最主要的部分来写，企业个性化就是对“人”集中的重要手段。大平台是资源的集中，是战略的集中，更是“人”心的集中。企业已经从由上而下统治的工具，转变为通过为每个人提供发挥的空间而获取人心的平台。

对于新时代的企业而言，未来企业的用户和员工将更快地向 90 后以及 00 后的年轻人转移。时代变了，人亦变，道亦变。相对于传统时代，这些新新人类更希望有自己的一片天空，新新人类更加能够接受更人性化的企业个性。在新的时代，面对新的客户、新的员工，企业首先需要能够改变传统的看法，积极以创新的方式了解他们。对于新时代的企业而言，文化也不再是道德约束一类的信条，而是更加平易近人的个性化伙伴——是有着自己特点，有优势也有劣势，实实在在的能够激发出共鸣的一个个具象个体。

每个人因为企业的文化而聚集，企业要成为业务部门的合作伙伴，为员工创造个人增值计划，每个员工都是与企业同呼吸共命运的生命体。这个生命体的终极状态是每个人都是一个小微公司，而企业存在的意义就是利用“契约”将这些小微公司连接在一起，最终形成一张无边无际的网。

然而，我们也要看到历史的每一刻都不会重演。下一个比尔・盖茨不会再开发操作系统，下一个拉里・佩奇或是谢尔盖・布林不会再研发搜索引擎，下一个马克・扎克伯格也不会去创建社交网络。如果你照搬这些人的做法，那么你就不是在向他们学习，对于组织而言亦是如此。

在新时代，企业正在进行一次大变革——业务将更加分散，而资源则更加集中化、平台化。通过资源的集中，企业才能更好地把控全局，保持战略性的灵活度，更好地发现并抓住改变游戏的机会；通过业务的分散，才能提高企业的敏锐性，才能够把现金、人才和管理重点迅速有效地发现并运用到更有吸引力的新商业领域。而集中与分散的组合，更加能够提高运营性的敏捷度，让企业在新时代的创新商业模式中迅速地挖掘机会。

当然，任何一个组织架构都不是完美的，可以解决所有问题。任何一个新诞生的组织都一定犹如婴儿，既长得难看，问题又不少。但历史证明，有决心的企业总能以自己的全心投入，使得每次变革都超过预期。

6.4 未解的疑惑

尽管通过对过去、现在的回顾与趋势的展望，我们获得了一些基础的信息——新时代企业的一些新的特征，然而在互联网时代的大潮下，还有很多未解的问题需要与大家共同探讨。

问题一：是否所有的行业都将全面的互联网化？

对于未来的预测，一直是较为困难的。然而，到现在已经有不少名人预测过互联网将会改变全部的行业。当我们在享受互联网带来的便利的同时，互联网作为一个行业却正在消失。因为互联网的进入带来了行业格局的大洗牌，所有的行业都将互联网化。跨界、颠覆在我们的生活中无处不在，可能只是一个不起眼的创新，也可能只是细微的变化，就能改变一个产业的格局。

尽管全部行业都将互联网化是大量学者所预见的现象，但不同行业互联网化的时间与方式将有所不同，而互联网在不同行业中所占比重也有极大区别。

对于某些行业而言，互联网化将是彻底的——互联网在行业中的使用将会贯穿整个产业链，从接触客户的方式，到生产的整体流程，到产品的设计，都将受到互联网的影响，尤其是其商业模式，将会完全的互联网化，免费、共享、长尾将会成为该行业的关键词，企业在生产产品考虑用户需求的同时，必须不断地创造全新的商业模式。比如，时至今日，中国移动才明白自己的竞争对手既不是中国电信也不是中国联通，而是腾讯，这一切皆因微信的出现与跨界。它的出现改变了中国人以往的生活习惯，打破了传统时代的沟通方式，平衡了信息不对称的天秤，密切了人与人之间的关系，从更大程度上颠覆了以往的商业运作模式和管理方式。这种将会完全互联网化的行业，改变的不仅仅是产业流程，甚至于整个行业形态都会发生改变。

而对于另一些行业内的企业而言，互联网化更多的是以互联网技术带来一些环节的技术革新和方式革新。譬如我国大多数工业制造企业现在还处于“订单加预测”的销售模式。而随着互联网的兴起，现在大量的工业制造企业开始将自己的销售业务搬上网络，网络改变了企业的竞争方式。与传统的商业结构相比，云计算、大数据等网络技术为各级各类企业和公众人员提供了强大的通信和处理工具，同时它也改变着产品的生产和服务过程，按需生产、按需提供的工业 4.0 即将成为可能，互联网帮助这些企业实现高效率、自动化的流程管理，帮助企业实现业务流程的优化，降低消耗，提高经营效率。

而究竟什么样的企业将会完全互联网化，而什么样的企业则会部分环节互联网化呢？华盛顿特区经济趋势基金会主席杰里米•里夫金在《零边际成本社会》一书中，做出了这样的预测：协同共享经济将颠覆许多世界大公司的运行模式；现有的能源体系和结构将被能源互联网所替代；机器革命来临，我们现在的很多工作将消失。他认为，“产消者”正在以近乎零成本的方式制作并分享自己的信息、娱乐、绿色能源和 3D 打印产品，他们也通过社交媒体、租赁商、合作组织以极低或零成本的模式分享汽车、住房、服装和其他物品；学生更多地参与到基于零成本模式的开放式网络课程……

互联网产业实际上就是建立在边际成本为零上的经济。由于边际成本为零，因此互联网产品的大量复制成为可能，并由此带来了互联网较为伟大的创新——商业模式由传统的完全竞争条件下接近成本销售变为零成本销售，并由此带来了包括长尾效应、后向收费模式等一系列的互联网创新，最终带来一个行业的彻底改变。

在不考虑政策因素的条件下，对于边际成本低的具有一定标准性的产业，如通信业、银行业等行业，每一个用户的成本会随着用户基数的增长而迅速下降，这类型的产业和互联网有着极大的相似性，也较容易为互联网企业跨界所颠覆。对于这样的行业，完全互联网化是可能的。而另一部分行业，如传统农业，其每个用户的成本并不会随着用户量的增长而下降。对于这样的行业，互联网化则更多的是对该行业生产、销售环节的优化。

当然，平台效应也是对这些"非零成本"行业的另一种方式的颠覆，如大量酒店、旅游平台的建立。酒店的最大问题是房源，需要先把房子承包下来再对外经营，而承包是需要费用的，还有若干年的养护维修支出，一旦住的人少就会亏损。而平台模式的 AirBnb 利用互联网这个工具将房东闲置度假屋的信息摆到线上，以供需要出行旅游的人选择住宿，起到类似于资源整合的中介作用。通过连接大量空置的房间资源，让用户外出旅游住在别人家里，变相的使得酒店业也变成了零边际成本的行业之一。

总而言之，互联网化是传统行业无法逃避的一个问题，需要的是企业家积极正面的应对态度。

问题二：是否所有的企业都将进化为动物型企业？

和动植物诞生的历史一样，经过十多年的发展，互联网行业颠覆了传统的业务模式，新的游戏规则和生态系统正在建立。在《互联网新时代的晨光》一文中，马化腾就明确指出，鼓励分享、平台崛起的互联网新时代已经到来："这个新时代，不再信奉传统的弱肉强食般的'丛林法则'，而是更崇尚天高任鸟飞的'天空法则'。"动物型企业正是伴随着互联网行业带来的激烈竞争和发展而产生的新形态。然而是否所有企业都将进化为动物型企业呢？是否传统企业就没有自己的生存路径了呢？答案是否定的。

互联网产业产品的边际成本几乎为零，行业内竞争激烈，业务、用户飞速变化。与这种环境相适应，新的时代诞生的大量企业必须能够快速地发现环境变化，迅速扩大市场，才能继续在行业内立足并发展。这带来了新型组织结构，这样的企业拥有比植物型企业更快速的反应能力，通过不断地与外部合作，兼容外部力量来成为自己力量的来源，具有较强的迁徙性和扩张性，不局限于当地，而是快速地向全国、全球扩展；他们拥有快速反应的神经系统，能够迅速找到风口成为“站在风口的猪”。在这样的企业里，员工不再是机器上的螺丝，而是充满了干劲与活力，他们更多的拥有了自己的内部动能，具有了更多的主动意识。这些企业具有极强的扩张性，他们会很快地占领市场，获得巨大影响，但是正如动物一样，动物的生命有长有短，与植物相比，需要通过 DNA 的一次次重组，来延续企业的精神。

而另一些企业，形态如同植物一般——通过自己组织生产，以向外部提供贡献为主。这就像通过光合作用，制造氧气来维持自己生存的植物一般，承担着生产者的角色。大部分传统时代的企业都拥有规整的分工，企业管理关注的是企业内部而非外部，组织的主要能力是提高生产效率及降低生产成本。通过关注内部组织，他们能够很好地组织生产，因此内部组织能够在很大程度上降低生产成本。由于长期根植于某一个地域，他们更满足当地的人文、环境；同时，他们能够适应一部分的环境，甚至可以说它们对于变化缓慢的传统时代具有很好的适应性。而由于植物型企业关注的只是生产效率，因此员工的工作易于科学的衡量——正如泰勒的科学管理方法——在汽车的制造过程中，企业很容易通过制成了多少辆汽车，每一辆的质量如何来判断员工的工作情况。而后，企业可以通过各种量化的科学衡量标准，来促使工作者增加产出。这些企业发展并不会很快，然而，我们看到很多基业长青的企业都遵循着缓慢的植物型企业的发展道路。

正如地球上动物与植物并存一样，动物型企业与植物型的传统企业各有优势，动物型企业扩张迅速，植物型企业稳扎稳打。所有行业都会互联网化，但并非全部行业都会“完全的互联网化”，企业形态的选择，最终仍然是由企业自身，以及企业所处的外部环境来决定。对于奉行“天空法则”的完全互联网化的行业，边际成本为零必然带来激烈竞争，跨业竞争和全球化将会带来行业环境的快速变化，这些处于漩涡中的企业，向动物型组织结构的转型虽然艰难，但确是企业的必经之路。

然而，植物型的企业必然会继续存在，即使是动物型企业，也依赖于植物型企业所提供的低廉而高效的生产能力。植物型企业通过优化内部结构，不断地规范业务流程，降低其业务成本。互联网的确构建了新型的业务模式，取代了一些传统的价值链环节，如微信等 OTT 业务对短信的挤压，线上购票对传统机票代理渠道的冲击等。但对于并不会完全互联网化的行业而言，互联网只是对传统业务的部分环节的优化，带来的价值是效率的提升和成本的降低，但并未从业务模式和内涵层面产生颠覆。"动物型"与"植物型"企业将会在未来继续融合与共生。

问题三：如何把握企业动物化进化的快与慢？

诺贝尔奖获得者尼尔·卡尼曼写过一本书《思考，快与慢》。

大众点评的 CEO 张涛非常推崇这本书，他这样总结：人有两个脑子，一个是原始的、生物进化过来的脑子，它是比较感性的，做决定很快；另外一个脑子是理性的脑子，思维缜密，做决定慢，但更正确。从书中，我们可以引申出很多概念，例如为什么有些人比较冲动，有些人则比较理性。

文武之道，一张一弛，对于下定决心，希望"企业组织动物化"的企业而言，只有把握好快与慢的节奏，才能既不错失良机，又能稳步发展。进化得过慢，企业将离外部市场越来越远，假以时日，带来的会是毁灭，这样的例子已经比比皆是。如果你是一家传统企业，无论是零售、金融还是电信，几乎任何一个与互联网产生强关联的行业，如果不能用互联网的创新思维来指导和改造业务的话，结果必然是在游戏规则改变后失去竞争优势。而进化得过快，传统企业贸然地杀入不熟悉规则的互联网领域，则很可能出现水土不服，"赔了夫人又折兵"。

在第 5 章，我们已经给出了公司在"快"和"慢"之间做出选择的一部分条件。在互联网时代，基于消费者使用习惯和环境变化的用户体验有时比技术创新本身更加重要，也就是所谓的能否真正顺应互联网"野性的呼唤"。有些机会稍纵即逝，如果不依靠直觉迅速做出决策，就会错失良机。而有些行业到现在为止还未出现曙光，必须小火慢炖，需要等待市场培育和行业发展，光靠着急是没有用的。

对于需要转型的传统企业而言，不管是由上至下的顶层设计战略，还是自下而上的需求驱动，不同的企业可能方式、方法、细节不同，但"动物化"对任何一个传统企业和行业都可借鉴。"组织动物化"的目标即赋予传统企业创新的"新型生物形态"，通过"大脑"和"灵魂"来指挥和调度产品研发、生产、销售、运营等业务组件；通过"神经"建立新的管理系统，并给予更高权限的赋权；通过“系统化”再造组织架构、业务流程；通过开放、外包、兼并，建立一个足以驾驭新市场的运营体系。

转型就像生物进化一样，必须脱胎于“变异—遗传—选择”的过程。当新旧产品、新旧技术、新旧观念共同存在于同一空间时，彼此的博弈在所难免，但本身不存在绝对的“对错”或“好坏”之分。而只有矛盾出现时，整个产业才会在自我修正和完善中不断前进。

问题四：传统企业的分散和集约如何选择？

很多传统企业经过数年发展后，架构庞大而分散，不仅内部沟通效率快速下降，同时各地分区割据，政策执行具有较大的随意性，处理的方式方法多种多样，形成一种管理的无序。

互联网时代，企业神经系统的发展，需要企业的触角能够完全按照企业大脑的指挥进行快速处理，保证业务的一致性。为此，大量的互联网企业采用的是集约型的方式建设。集约化经营就是改变分散式管理，通过经营要素质量的提高、要素含量的增加、要素投入的集中以及要素组合方式的调整来增进效益的经营方式。由专门的部门一条线的管理整个企业的部分功能，提供整合、共享的服务。

来到互联网时代，企业神经系统的发展，更加需要企业的触角能够完全按照企业大脑的指挥进行快速处理，保证业务的一致性。为此，大量的互联网企业采用的是集约型的方式建设。通过将公司或集团范围内共用的职能、功能集中起来，高质量、低成本地向各个业务单元、部门提供标准化的服务。伴随着互联网技术和新计算模式的兴起、企业对创新和成长的强烈渴求，尤其是企业在业务模式上的不断突破，使得集约化从迫切需求变成了现实可能。

事实上，早在 2006 年，IBM 总裁彭明盛在员工大会上就首先提出了整合型企业的概念。彭明盛告诉与会的 10 000 名 IBM 员工，公司在印度的员工在短短两年内从 9 000 人增加到 43 000 人，并且计划在未来三年内在印度投资 60 亿美元。他说：“IBM 在人们想到国际化运作之前即已成为一家全球化公司。公司最早实现了跨国运作。现在，我们正在将国际化提升到一个新的维度，创造真正的全球整合企业。”

2010年，IBM发布了《全球整合型企业》研究报告，报告撷取了来自亚洲、欧洲和美国的多个行业，包括金融服务、医疗卫生、电信、能源和电力、零售、IT、汽车、石油、食品和快消品的 20 个案例，提出了全球整合的框架模型。如图 6.4 所示。

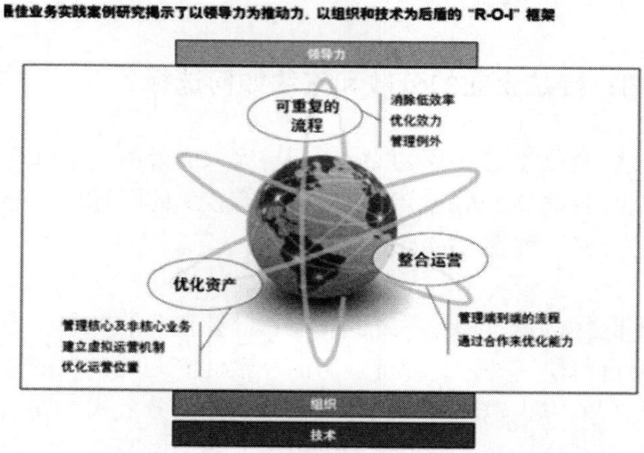

图 6.4　全球整合的框架模型

在IBM的调查中显示，当前全球500强90%以上的企业已经实施或计划实施全球整合型服务。集约式运营就是 IBM 的全球整合型组织的微缩版。互联网时代，网络将整个世界互联起来，这个时代的任何一个企业，都成为了全球型企业，企业可以通过网络实现全球的采购。整合型或集约型企业成为了企业需要共同面对的问题。

在互联网时代之前，大量的传统企业采用了分散管理的方式实施企业治理。分散管理具有灵活性强、响应快等优势，特别是资源从计划、采购、入库直到应用的全过程，都由实施人员直接实施，选择这种方式也就顺理成章。然而在信息化平台上、互联网模式下运行，为了实现对于管理的规范化、精细化，传统分散管理模式中的效率问题、透明化问题、规范化问题、标准化问题等都逐渐暴露出来。

在这些问题中，首先是资源、资金的集约化。通过资源、资金的集约化管理，企业的整个血脉由此更加畅通，全身能量可以转移、可以聚集。这一切是管理粗放型企业望尘莫及的。

其次是知识和数据的管理。正如管理大师德鲁克所说，我们已经进入一个“知识时代”，数据和知识无处不在，知识已经成为经济增长与社会发展、企业提高生存能力的基础。蔑视知识管理的重要性对于企业而言是致命的，传统企业拥有多年宝贵的经验，同时又面临互联网时代新知识的挑战，更需要有序地建立集约的数据库、知识库，促进企业数据和知识交流，把知识作为资产来管理。

在资源、资金和知识管理的基础上，客户经营集约化也是传统企业改革的方向之一，也是来自于分散经营部门较大的挑战之一。是否掌控客户资源将是决定市场竞争成败的关键要素，正因如此，在公司进一步发展的过程中，选择实施集中化的客户经营管理的必要性更加凸显。从客户线索管理，到线索追踪转为商机，再到接洽与关系推进、投标、合同谈判，直至实施过程，后期运行维护，持续经营再次发现商机，等等，全过程都在企业的掌控之下。

任何一种理念导入或经营行为的改变，都可以被看作一场变革，它会影响到旧有机制和人的习惯，甚至会因触及某些人的既得利益而带来阻力，这是在集约化经营理念落地过程中要时刻注意的风险。分散的粗放式形态是企业所面临的现实，它的形成在昨天。而企业的集约化经营就是改变过去的治理模式，重新回归正常道路而已。集约化的倡导和推行势在必行，因为分散模式已普遍不适应互联网环境，一直分散下去就会走向一条狭窄的路。站高一线，更大范围、更多人利益顾及、更长远考虑，并综合去权衡利弊，就会给企业智慧，去处理好这一切。

6.5　结尾

约翰尼·德普主演的《超验骇客》中向我们展示了新的世界——新的世界像上帝一样，基因可以重组，更可以像云计算一样思考，大脑可以调取大数据，并且可以直接进行云计算，这一切将会是未来的现实。人类可以通过3D生物打印技术来打印自己的新器官，并且可以和机器人技术完美的融合，让人类拥有更强壮的生命体，这就是生物技术、纳米技术、生物无线电技术与人工智能的广泛应用，人脑可以和网络结合，很多新科技和新产品可以在这些领域崭露头角。

虽然现在我们还无法实现这样的生活，但毫无疑问，互联网技术已经在现实世界爆发出越来越大的力量，新的时代即将到来。这种力量，不仅表现在新技术向我们创造的新产业，同时，这种力量也通过提高生产效率渗透进入各种新的生产过程，并与业务的完美结合创造出更新的业务形式，形成新的商业文明。我们相信，这种力量必将在人类经济中持续蔓延，带来消费者、企业和商家的进一步改变，并最终重构整个社会发展史。

在互联网的浪潮下，新兴行业、企业源源不断地诞生，创新的商业模式也在不断推陈出新，正如大爆炸时期的生物一般，传统企业面临后来者的积极挑战。在这样的动荡环境中，如何正确把握自己的位置，如何看清那千钧一发的变革良机，如何做好储备能够一击即中，与新生的企业一起迎接新的时代，是传统企业必须现在就开始思考的问题。

正如贯穿全书论述的那样，在这些改变中，企业组织的改变对于企业而言是较为基础也较为必要的改变之一，是企业的核心竞争力。只有企业自身变得更加强大，才能抵御外部的侵袭，才能无惧环境的变化。

事实上，很多企业已经开始为了互联网进行着新的尝试，但是我们也清醒地看到，这些尝试依然处于蹒跚学步的初级阶段，实现真正的改变还有很长的一段路要走。我们希望通过我们的研究，通过这本书，能够给这些勇于挑战自我的企业一些提示，希望各个行业，特别是传统行业的有识之士能够与我们一起共同努力，推动互联网新革命的发生，推动商业社会的新飞跃，推动人类社会的进步。

让我们一起，勇敢的拥抱互联网时代，见证历史时刻的发生吧！

参考文献

1. 倒在技术拐弯处，百年柯达的“陨落”. http://www.ceconline.com/strategy/ma/8800064012/01/，2009-3-10
2. 猫儿. 凯文·凯利: 互联网远未成熟 创业者们生当其时. 互联网分析沙龙. http://www.techxue.com/techxue-9267-1.html，2014-7-28
3. 索尼 Walkman 之死. http://www.donews.com/original/201010/252613.shtm，2010-10-27
4. 脱不花妹妹. 新窗口打开了，我们怎么办. http://www.huxiu.com/article/29954/1.html?f=wangzhan，2014-3-17
5. 家族企业的文化与伦理. http://www.docin.com/p-656065559.html，2015-3-17
6. Adam Smith. 孙善春，李春长译. 国富论. 北京：中国华侨出版社，2011
7. 李长红. 从《乔家大院》看内部控制与企业管理. http://www.yuloo.com/kjks/wenzhang/2007-11-30/61763.html，2007-11-30
8. 恩格斯. 中共中央马克思恩格斯列宁斯大林著作编译局. 《马克思恩格斯全集》第 18 卷. 北京：人民出版社，1964
9. 弗雷德里克·泰勒. 马风才. 科学管理原理. 北京：机械工业出版社，2007
10. 亨利·法约尔. 周安华等. 工业管理与一般管理. 北京：中国社会科学出版社，1982
11. 史佳欣. 浅析公司合约的形成机理及本质定性. 商业文化(下半月)，2011(4)
12. 张阳等. 战略管理. 北京：科学出版社，2009

13. 张峰．大象的探戈——解析 IBM 的矩阵式管理．新电子．http://www.sinoec.net/Article/practice/reference/Article_850.html，2006-2-23

14. Robbins.P.S，Coulter M．孙健敏．管理学（第 9 版）．北京：中国人民大学出版社，2008

15. 辉煌不再 日家电业为何连年亏损?．新华网．http://news.xinhuanet.com/tech/2013-04/27/c_124638779.htm，2013-4-27

16. 《小时代 3》PK《后会无期》：这样玩好"粉丝"经济.凤凰娱乐 http://ent.ifeng.com/a/20140801/40214586_0.shtml，2014-8-1

17. 大飛哥.还在为选耳机发愁?不如让 Normal 通过 3D 打印的方式帮你私人定制一款．36kr. http://www.36kr.com/p/213547.html，2014-7-8

18. 王准．打造 Facebook：亲历 Facebook 爆发的 5 年．北京：印刷工业出版社，2013

19. 刘磊，张梦．星巴克把员工摆在第一位——访上海统一星巴克咖啡有限公司人力资源经理 王志毅先生．第一资源网．http://www.tophr.net/html/200910/2009102616550.htm，2009-10-26

20. Elon Musk．我们的专利属于你们．中国商网．http://www.zgswcn.com/2014/0626/427820.shtml，2014-6-26

21. 麦肯锡:中国互联网经济占 GDP 比重已超美国．麦肯锡．http://tech.sina.com.cn/i/2014-07-25/10509516789.shtml，2014-7-25

22. 钱曙光.盘点"PayPal 黑帮"成员的传奇创业故事. CSDN.NET. http://www.csdn.net/article/2014-10-15/2822109，2014-10-20

23. 国务院关于印发"宽带中国"战略及实施方案的通知.新华网．http://news.xinhuanet.com/fortune/2013-08/17/c_125189709.htm，2013-8-17

24. 互联网大佬的特异思维：全世界往右 我往左．新浪网．http://tech.sina.com.cn/i/2014-11-28/11009835182.shtml，2014-11-28

25. 孙彤．苏宁转型进入深水区．商业价值．http://content.businessvalue.com.cn/read/authors/20，2014-1-8

26. 万达携手百度腾讯打造全球最大 O2O 电商公司．万达官网．http://www.wanda.cn/2014/2014_0829/29524.html，2014-8-29

27. 知道 ZARA 凭什么“快”起来吗?看完就知道了. 思路网.
http://www.siilu.com/20140831/108984.shtml，2014-8-31

28. 庞丽静. 海尔力推“倒三角”管理模式. 经济观察网.
http://www.eeo.com.cn/industry/it_telecomm/2010/06/29/174025.shtml，
2010-06-29

29. 刘佳. 柳传志闭门讨论：联想不!服!老!. 虎嗅网.
http://www.huxiu.com/article/102377/1.html，2014-11-26

30. Hello, 微信小君!.
http://www.ceocio.com.cn/magazine/it/2013/372/2013-09-22/138773.html，
2013-9-22

31. “猜你喜欢”是怎么猜中你心思的.
http://www.guokr.com/article/382553/，2012-11-12

32. 从救星到侵略者：亚马逊步步改造出版业的深入记录. 虎嗅网.
Http://www.huxiu.com/article/29654/1.html，2014-3-16

33 Christensen .M. C. 吴潜龙. 创新者的窘境. 北京：中信出版社，2010

34. 诺基亚新组织架构.
http://tech.sina.com.cn/other/2004-05-18/1311363380.shtml，2004-5-18

35. 诺基亚战略管理报告书.
http://wenku.baidu.com/link?url=lnyN37gD3BgjUSLVK9UFviQHh4UHzPxiFwNAuixbDLBycDQfI4NuwGGysNhc0wcMOBTL0mgaKeDowBFZYC61fhftJjFknK1DRrb0V4IhUhO，2014-01-01

36. 雷军：小米手机成功的三因素.
http://www.cyzone.cn/a/20121016/233764.html， 2012-10-16

37. 苹果前员工博客记录乔布斯如何准备煽情讲.
http://tech.sina.com.cn/i/2006-01-09/0110813794.shtml，2006-01-09

38. 为什么扎克伯格要出现在同性恋大游行之中?.
http://www.chinaz.com/news/2013/0702/308162.shtml，2013-7-2

39. Google 的成功之道(7). 读书频道_新浪网，2006-11-1

40. 人生赢家: Elon Musk 的简史. 爱范儿.http://www.ifanr.com/364676，
2013-10-25

41. Facebook 怎样打造企业文化?.
HRInsider.http://www.hrinsider.cn/?m=content&c=index&a=show&catid=11&id=599，2014-4-30

42. “冰桶挑战”的前世今生.
http://lanxi.baijia.baidu.com/article/26436，2014-08-19

43. 稻盛和夫. 陈忠. 阿米巴经营. 北京：中国大百科全书出版社，2009

44. 小米手机研发与营销过程一览. 投资界.
http://news.pedaily.cn/201204/20120401323610.shtml，2012-04-01

45. Google CIO Ben Fried 谈内部工具文化.CSDN.NET.
http://www.csdn.net/article/2013-10-14/2817174-google-cio-ben-fried-on-how-google-works，2013-10-4

46. Google 的成功之道(9). http://read.jd.com/9655/465974.html，2006-11-11

47. 两个披萨原则：提高开会效率.
http://tech.qq.com/a/20131031/001255.htm，2013-10-31

48. 苹果内部：美国最受尊敬和最保密的公司如何运作.
http://tech.qq.com/a/20120119/000451.htm，2012-01-19

49. 乔布斯在 1983 年预言了什么?.
http://money.163.com/13/1129/09/9ERCRSJT00253G87.html，2013-11-29

50. 腾讯组织架构调整：组建六大事业群.
http://www.techweb.com.cn/internet/2012-05-18/1192884.shtml ，2012-5-18

51. 马斯克宣布开放特斯拉专利.
http://roll.sohu.com/20140614/n400830902.shtml，2014-6-13

52. 供应链管理：苹果大杀器.
http://news.hexun.com/2013-05-02/153719465.html，2013-5-2

53. 谷歌如何成功整合创业公司？.
http://www.cyzone.cn/a/20120925/232989.html，2012-09-25